Katharina König

Leicht genießen

Fettfrei backen

Fruchtpürees, Obstsäfte, Kürbismus und Joghurt sind
Alternativen zu Butter & Co. Saftige und fruchtige Rezepte
für den fettarmen Kuchengenuss

Südwest

Inhalt

Fettarme Milchpro- dukte sind der ideale Fettersatz.

Vorwort   4

Versteckte Fette   6

Das kann es nicht geben –
Kuchen ganz ohne Fett   6

Fettarm backen – gewusst wie   10

Magere Milchprodukte –
Quark, Joghurt, Butter-
milch & Co.   10

Zucker und Fett sparen mit
natürlichen Süßungsmitteln   11

Frucht statt Fett –
Pürees, Kompott und
Obstsäfte   13

Fettersatz Kürbis   14

So funktioniert das Backen
mit fettreduzierter Butter   17

Die gesunde Auswahl der Backzutaten   18

Auszugs- oder Vollkornmehl   18

Cerealien – Keime und
Müsli   19

Süßen mit purer Natur   19

Eier in Maßen verwenden   20

Nüsse und Samen   21

Gewürze und Backaromen   23

Triebmittel und Lezithin   25

Kuchenduft aus dem Ofen – hier gibt's etwas Gutes.

*Die Hei-
delbeer-
schnecken
aus Hefe-
teig sind
ein echter
Traum.*

Tipps und Tricks – so gelingt der Kuchen 26

Den Teig anrühren 26

Die Backformen vorbereiten 27

Das Backen im Ofen 28

Das Auge isst mit 28

So werden eigene Backrezepte fettärmer 30

Lieblingsrezepte –
abgespeckt 30

Schritt für Schritt entfetten 34

Nicht jeder Teig lässt sich
gut entfetten 36

Backrezepte mit wenig Fett 38

Kuchen für jeden Tag 38

Sonntagskuchen und
Torten 55

Kleingebäck aller Art – Muffins, Törtchen,
Kekse & Co. 66

Herzhaftes Gebäck – Brote,
Brötchen und Snacks 78

Fettfreie Weihnachts-
bäckerei 86

Über dieses Buch 95

Register 96

*Knusprige
Maistaler –
aus dem
Vorrat
gezaubert.*

Vorwort

Selbstgebackenes ist und bleibt unschlagbar. Kein gekauftes Stück Kuchen oder Gebäck kann diesem Vergleich standhalten.

Der Duft von Selbstgebackenem verzaubert auch heute noch die Menschen: Er weckt Kindheitserinnerungen und vermittelt ein Gefühl der Geborgenheit. Ohne Schwarzwälder Kirschtorte, Schokoladenkuchen oder Mohnstriezel ist ein Sonntagnachmittag für viele Familien undenkbar!

Die Rezepte für die süßen Leckereien werden von Generation zu Generation weitergegeben und gehütet wie ein Schatz. Selbst zu backen, etwas mit den eigenen Händen zuzubereiten und nicht auf industriell hergestellte Waren zurückzugreifen oder in die nächste Bäckerei zu gehen, verschafft ein tiefes Gefühl des Glücks und der Zufriedenheit.

Was kann es Schöneres geben, als mit der Familie oder mit Freunden an einer hübsch gedeckten Kaffee- oder Teetafel zu sitzen und einen noch ofenwarmen Kuchen anzuschneiden?

Süßes naschen ohne Reue

Ein weiterer Vorteil von Kuchen Marke »Eigener Herd«: Wer selbst bäckt, weiß genau, was an Zutaten verwendet wird und kann auf persönliche Vorlieben, aber auch auf gesundheitliche Probleme wie Nahrungsmittelallergien und Magen-Darm-Erkrankungen Rücksicht nehmen.

Es spricht also vieles dafür, Rührlöffel und Backschüssel wieder einmal in die Hand zu nehmen. Auf der anderen Seite sind Süßigkeiten, Kuchen und Gebäck als Dickmacher ersten Ranges verschrieen: Übergewicht, ein zu hoher Cholesterinspiegel, Diabetes mellitus – die Zahl derer, die mit einem der genannten Probleme zu kämpfen haben, wird immer größer. Das Erschreckende daran: Gesundheitliche Probleme, die durch zu fette und ungesunde Ernährung entstehen, tauchen immer häufiger schon im frühen Kindes- und Jugendalter auf.

Wie alt die Tradition des Kuchenbackens ist, kann niemand genau sagen. Erfinderinnen der heute so beliebten Obstkuchen waren wahrscheinlich Bäuerinnen, die zur Erntezeit Früchte auf übrig gebliebenen Brotteig verteilten und die Kuchen in der Resthitze des Backofens fertig garten.

Bewährte Backrezepte – gesund erneuert

»Fett macht fett!«, das hat sich inzwischen herumgesprochen. Dass es in erster Linie die gesättigten Fette sind, die gesundheitliche Probleme bereiten, ist auch bekannt. Tatsache ist aber auch, dass gerade beim Backen eine Menge an gesättigten Fetten wie Butter und Margarine verwendet werden, und so verzichtet der Figur- und Gesundheitsbewusste meist schweren Herzens auf seinen Kuchengenuss. Unnötigerweise, denn wer ohne Butter und Margarine bäckt, darf sich sogar ein Stückchen Kuchen mehr auf den Teller legen. Wer eine erfrischende Buttermilch- oder Quarkcreme einem Sahnehäubchen auf der Torte vorzieht, darf angesichts der gesunden Zutaten ohne schlechtes Gewissen schlemmen. Wer seinen Biskuitteig auch ohne die Zugabe von einer Unmenge an Eiern zubereiten kann, muss sich – zumindest beim Kuchengenuss – um seinen erhöhten Cholesterinspiegel keine weiteren Gedanken machen.

Butter gehört in der Gruppe der tierischen Nahrungsmittel zu den kalorienreichsten: 100 Gramm Sauer- oder Süßrahmbutter liefern stolze 773 Kilokalorien (3230 Kilojoule), 82,5 Gramm Fett und 230 Milligramm Cholesterin. Wer Kalorien sparen möchte, sollte deshalb auf Halbfettbutter umsteigen.

Kalorienbomben einfach entfetten

Das Schöne am fettarmen und -freien Backen ist, dass es so einfach geht! Die leckersten gerührten Kuchen, knusprige Kekse und feine Obsttorten können ohne die Zugabe von Fett gebacken werden, es müssen beim »Entfetten« lediglich einige Regeln eingehalten werden. Sogar die Weihnachtsbäckerei kann ohne Fett auskommen, wenn an dessen Stelle so gesunde Zutaten wie Früchte, fettarme Milchprodukte und andere Fettersatzstoffe verwendet werden. Backen Sie Lebkuchen, Quarkstollen und Früchtebrot doch einfach ohne die Zugabe von Fett!

Wer nicht ganz auf Fett verzichten möchte, kann eigene Rezepte entfetten oder fettreduzierte Butter bzw. Margarine verwenden und so dafür sorgen, dass seine tägliche Fettration reduziert wird. Was es beim fettfreien bzw. -armen Backen zu beachten gibt und welche Nahrungsmittel Sie anstelle von Fett in Ihren Backrezepten verwenden können, lesen Sie im folgenden Kapitel.

Mehl, Eier und Fett – die klassischen Kuchenzutaten schlechthin. Durch Frucht-pürees und Milchprodukte können sie, je nach Teigart, teilweise oder vollständig ersetzt werden.

Das in allen Milchprodukten enthaltene Milchfett ist ein hochwertiger Energie-spender. Da es einen sehr niedrigen Schmelzpunkt hat, verflüssigt es sich schon bei Körpertemperatur. Das Milchfett liegt daher nicht schwer im Magen und kann vom Körper sofort in Energie umgewandelt werden.

Versteckte Fette

Wenn Sie den Rezeptteil dieses Buchs durchblättern, werden Sie feststellen, dass selbst »fettfreies« Gebäck Fett enthält – und das, obwohl es ohne die Zugabe von Butter oder Margarine, Sahne oder Eiern oder anderen fetten Zutaten wie geriebener Schokolade oder Nüsse hergestellt wurde. Das Stichwort heißt hier versteckte Fette! Auf sie ist besonders zu achten, obwohl man sie meistens kaum erkennen kann.

Kuchen ganz ohne Fett – das kann es nicht geben

Werfen wir nämlich einen Blick in eine Nährwerttabelle, stellen wir fest, dass praktisch jedes natürliche Lebensmittel Fett ent-hält, wenn auch nur in äußerst geringen Mengen. So enthalten z. B. 100 Gramm Weizenmehl Type 405 ein Gramm Fett, Weizen-vollkornmehl enthält schon zwei Gramm. Werden in einem Rezept also 500 Gramm Mehl verlangt, ergibt das schon einen Fettgehalt von fünf bzw. zehn Gramm!

Sogar Früchte liefern Fett

Hätten Sie außerdem gedacht, dass ein Apfel mit 100 Gramm Gewicht immerhin schon 0,6 Gramm Fett enthält? Getrockne-te Aprikosen enthalten 0,5 Gramm Fett, getrocknete Feigen 1,3 Gramm und selbst Erdbeeren, frisch vom Feld, enthalten Fett, und zwar ebenfalls 0,5 Gramm jeweils pro 100 Gramm.
Das Gleiche gilt für sämtliche mageren Milchprodukte. Mager-quark, Magerjoghurt oder Buttermilch liefern ebenfalls geringe Mengen Fett, so dass es im Grunde genommen unmöglich ist, völlig fettfrei zu backen.

Lebensnotwendig – essenzielle Fettsäuren

Doch keine Sorge, es ist nicht dieses in Spuren enthaltene Fett von Äpfeln, Erdbeeren oder Magerquark, das sich als Rettungsring um unseren Bauch legt und den Blick auf die Waage unerträglich macht! Diese geringen Mengen natürlichen Fetts sind sogar gesund und werden vom menschlichen Körper benötigt, um damit z. B. fettlösliche Vitamine aufnehmen zu können. Und lebensnotwendig ist ebenfalls der darin enthaltene Anteil der mehrfach ungesättigten bzw. essenziellen Fettsäuren.

Fertigteige – die heimlichen Dickmacher

Eines ist jedoch inzwischen wissenschaftlich bewiesen: Dick werden wir durch ein tägliches Zuviel an Fetten! Neben fettem Essen tragen herkömmliche Torten, Kuchen und Kekse einen großen Teil zum täglichen Übermaß an Fett bei. So nehmen Sie z. B. mit einem einzigen Stück Schokoladenrührkuchen schon ganze elf Gramm Fett zu sich, und ein Stück Frankfurter Kranz bringt satte 24 Gramm Fett auf Ihren Kuchenteller! Besonders hoch ist der Fettgehalt bei Kuchen aus Backmischungen. Hier hat ein Stück Schokinokuchen 14 Gramm Fett, ein Stück Kirsch-Kleksel-Kuchen 22 Gramm Fett und ein Stück vom russischen Zupfkuchen sage und schreibe 30 Gramm Fett! Wir reden von einem Stück, wohlgemerkt, und nicht vom ganzen Kuchen!

Stichwort versteckte Fette: Makronenteig enthält zwar weder reines Fett noch Eigelb, dafür bestehen die meisten Rezepte zu mehr als der Hälfte aus gemahlenen Nüssen, Kokosflocken oder geriebener Schokolade und liefern so eine Menge Fett!

Energiespender statt Kalorienbomben

Wenn Sie nach den Rezepten dieses Buchs backen, ist täglicher Kuchengenuss jedoch ohne Reue und ohne sorgenvollen Blick auf die Waage möglich: Es ist nämlich inzwischen wissenschaftlich nachgewiesen, dass komplexe Kohlenhydrate – wie in Getreide enthalten – vom Körper nicht sofort als Fett eingelagert (wie dies bei Fetten der Fall ist), sondern in erster Linie als »Brennstoff« verwendet werden. Einfach ausgedrückt heißt das: Ein Stück fettarmer Hefezopf liefert Ihnen Energie für Ihren Alltag, während ein Stück Sahnetorte sich als Rettungsring um Ihre Hüfte legt. Vergessen Sie daher das Kalorienzählen, und versuchen Sie stattdessen, den Anteil der Fettkalorien in Ihrer Ernährung auf maximal 20 bis 25 Prozent zu begrenzen! Das entspricht etwa 50 bis 60 Gramm Fett pro Tag.

Mehr als zehn Prozent sind ungesund

Die nach dem britischen Physiker James Prescott Joule (1818–1889) benannte Einheit der Energie hat sich noch nicht ganz durchgesetzt. Bis heute ist immer noch der nicht mehr DIN-konforme Begriff »Kilokalorie« gebräuchlich. 1 Kilokalorie sind umgerechnet 4,187 Joule.

Um dies zu erreichen, darf der Gewichtsanteil von Fett in Ihrer Ernährung allerdings maximal zehn Prozent erreichen, was davon herrührt, dass ein Gramm Kohlenhydrate vier Kilokalorien, ein Gramm Eiweiß ebenfalls vier Kilokalorien, ein Gramm Fett jedoch neun Kilokalorien enthält! Beispiel: 100 Gramm Weizenmehl enthalten gerade einmal 340, 100 Gramm Butter allerdings schon 750 Kilokalorien, also mehr als doppelt so viel! Deshalb gilt es, den Gewichtsanteil von Fett so niedrig wie möglich zu halten, wobei die oben genannten Werte als Durchschnittswerte gelten und beim einen höher, beim anderen dafür sogar noch niedriger liegen können.

Backen ohne die Kalorienbomben Butter und Sahne – es funktioniert! Mit Fruchtpürees, Obstsäften und Milchprodukten als Alternativen lassen sich saftige Kuchen zaubern, die man ohne Reue genießen kann.

Ein ungünstiges Trio

Es zählt aber nicht nur die hohe Kalorienzahl von Fetten, sondern auch ihre Neigung, sich in bestimmten Kombinationen mit anderen Nahrungsbestandteilen besonders schnell in die Fettzellen des Körpers einzulagern, statt zur Energieversorgung verbrannt zu werden.

Die ungünstigste Kombination ist dabei genau die, die wir in den meisten Gebäckarten antreffen – die Zusammenstellung von Fett, weißem Mehl und Zucker. Daher wird man von fetten Kuchen und Torten noch viel rascher dick als z. B. von fettem Käse oder Wurst auf Vollkornbrot.

Der Körper schaltet auf Lagerhaltung

Die leicht verdaulichen Kohlenhydrate aus Mehl und Zucker liefern dem Organismus sofort Brennstoff, während das Fett stundenlang im Verdauungssystem verweilt. Der Körper ist bestens mit Energie versorgt und stellt sich darauf ein, die momentan überflüssigen Fettkalorien als Vorrat für schlechtere Zeiten anzulegen. Schon während des Verzehrs einer üppigen Cremetorte oder fettreicher Mürbteigplätzchen melden Hormonsignale den Fettzellen und der Leber, dass die Speicher gefüllt werden. Enzyme werden aktiviert, die den Fetteinbau vorbereiten und ausführen – und schon zeigt sich das Resultat auf der Waage.

Es spricht also einiges dafür, Kuchen zu backen, in die kein zusätzliches Fett kommt, sondern in denen nur die geringen Fettmengen enthalten sind, die natürliche Lebensmittel von sich aus mit sich bringen.

In diesem Buch finden Sie mehr als 60 Rezepte für fettfreies Gebäck, dazu einige Rezepte, in denen kleine Mengen fettreduzierte Butter oder Margarine verwendet wurden. Diese sind mit einem Sternchen (*) gekennzeichnet. Außerdem werden Sie lernen, wie Sie Ihre eigenen Lieblingsrezepte so entfetten können, dass Sie ruhig ein Stückchen mehr genießen dürfen.

Wenn sich erst einmal zu viele Fettzellen im Körpergewebe gebildet haben (Übergewichtige haben oft bis zu zweieinhalbmal so viele wie schlanke Menschen), ist es mühsam, diese wieder zum Schmelzen zu bringen. Neben einer Beschränkung des Fettkonsums soll der Saft von drei Zitronen täglich zusätzlich die Fettverbrennung in den Zellen fördern.

Die Auswahl an Milchprodukten, auch fettarme Sorten, ist fast unendlich. Mit Buttermilch, Joghurt & Co. gelingen saftige Kuchen, die zudem noch eine Extraportion Kalzium liefern.

100 Milliliter Buttermilch enthalten nur ein Gramm Fett, dafür 120 Milligramm gesundes Kalzium und 35 Milligramm wertvolles Lezithin! Für leichte Tortencremes wählen Sie Sauerrahm mit zehn Prozent Fett als magere Alternative zu Schmand und Crème fraîche.

Fettarm backen – gewusst wie

Ein Rührkuchen ohne Butter? Ein Biskuitteig mit nur einem Ei? Und eine Torte ohne Sahne? Geht das überhaupt? Fett ist schließlich der Geschmacksträger Nummer eins und darüber hinaus zuständig dafür, dass Gebäck »auf der Zunge zergeht«. Einfach das Fett aus einem Rezept herauszulassen, kann daher nicht funktionieren. Der Teig würde entweder kleben, zu fest oder einfach nicht schmackhaft werden. Es gilt also, das Fett durch andere Zutaten zu ersetzen.

Butter & Co. können durch eine Vielzahl von gesunden Lebensmitteln ersetzt werden. Die Erfahrung hat jedoch gezeigt, dass sich nicht jeder Fettersatz gleich gut für alle Sorten Gebäck eignet. Es gilt also, die jeweils passende fettfreie Backzutat zu wählen und deren Eigenheiten beim Backen zu berücksichtigen.

Magere Milchprodukte – Quark, Joghurt, Buttermilch & Co.

Fettarme Milchprodukte sind ein wunderbarer Fettersatz, denn sie machen Gebäck saftig und mürbe, unterstreichen das Aroma der anderen Zutaten, ohne viel Eigengeschmack zu verleihen. Nehmen Sie fettarme Buttermilch für Brötchen und Brote, Magerjoghurt für gerührte Kuchen oder Magerquark für Tortenbeläge. Statt Fett liefern Quark & Co. Kalzium und Magnesium und machen so aus dem Kuchengenuss eine gesunde Sache! Selbstverständlich finden Sie bei jedem Rezept die entsprechende Angabe, welches Milchprodukt verwendet wird. Dies soll Sie jedoch nicht davon abhalten, selbst ein wenig zu experimentieren. Statt geschmacksneutralem Magerjoghurt können Sie fettarmen Früchtejoghurt nehmen, wobei Sie die Sorte dem jeweiligen Gebäck entsprechend wählen. Nehmen Sie also z. B. Blaubeerjoghurt für Blaubeermuffins oder Vanillejoghurt für einen hellen Rührkuchen.

Wer aus gesundheitlichen Gründen ganz auf Milchprodukte verzichten muss, kann beispielsweise statt Buttermilch Soja- oder Nussmilch verwenden. Oder statt Buttermilch können Sie Dickmilch wählen. Probieren Sie selbst aus, was Ihnen und Ihrer Familie am besten schmeckt und womit Sie die besten Backerfahrungen machen!

Butter und Sahne sind tabu

Die Rezepte dieses Buchs basieren auf 1,5-prozentigem Magerquark, 1,5-prozentiger Milch, einprozentiger Buttermilch und 1,5-prozentigem Joghurt. Selbstverständlich können Sie auch 0,3-prozentige Milch und Quark mit lediglich 0,2 Prozent Fettgehalt verwenden.

Vorsicht ist bei zehnprozentigem Sauerrahm geboten. Schon ein Teelöffel Sauerrahm liefert ein Gramm Fett! Daher gilt: Sparsam verwenden, mit Magerquark mischen oder ganz dadurch ersetzen. Butter, Margarine, Crème fraîche und Sahne werden bis auf wenige Ausnahmen nicht verwendet!

Zucker und Fett sparen mit natürlichen Süßungsmitteln

Sie können das Fett in vielerlei Gebäck zu einem großen Teil ersetzen, indem Sie stattdessen flüssige, natürliche Süßungsmittel wie Honig, Ahorn- oder Zuckerrübensirup verwenden. Auch viele Marmeladen und Fruchtgelees eignen sich als Fettersatz. Gleichzeitig muss natürlich die im Rezept ursprünglich vorgesehene Zuckermenge reduziert werden, damit einem das Stück Kuchen vor lauter Süße nicht im Hals stecken bleibt!

Zu den alternativen und inzwischen in vielen Naturläden und Reformhäusern erhältlichen Süßmitteln gehören auch der Agavendicksaft, der Dattelsirup oder die – übrigens sehr würzig schmeckende – schwarze Melasse. Es lohnt sich, diese einmal auszuprobieren, zumal sie auch sehr vitaminhaltig sind.

Mit Fingerspitzengefühl austauschen

Lavendelhonig gehört wie der Akazien- oder der Rosenblütenhonig zu den besonders wertvollen und geschmackvollen Honigsorten. Wie die Pflanze selbst besitzt der Lavendelhonig eine heilkräftige Wirkung und eignet sich auch für die äußerliche Behandlung von Wunden.

Wenn Sie eigene Rezepte entfetten möchten, ersetzen Sie am besten 100 Gramm Fett durch ca. 70 Gramm des gewählten Süßungsmittels und reduzieren gleichzeitig den Zuckergehalt um dieselbe Menge. Wird der Teig zu trocken, empfiehlt es sich, zusätzlich einen zweiten Fettersatz, z. B. ein Milchprodukt, zu verwenden, und zwar so viel, bis der Teig die gewünschte Beschaffenheit bekommt. Probieren Sie einfach ein bisschen aus, und geben Sie die Zutaten in kleinen Mengen hinzu.

Nicht jeder Süßstoff eignet sich gleich gut für jedes Gebäck. Während sich der milde Honiggeschmack fast jedem Gebäcktyp anpasst, sollten Zuckerrüben- und Ahornsirup aufgrund ihres kräftigen Eigengeschmacks und ihrer Farbe vor allem für dunkle Teige und würziges Gebäck verwendet werden. Eine Glasur mit Fruchtgelee oder -marmelade kann bei vielen Kuchen und Torten einen fetten Schokoladenguss oder ein Bestreichen mit flüssiger Butter ersetzen und bringt optisch einen wunderschönen Glanz. Lavendelhonig (oder jede andere Sorte), leicht erwärmt über einen Apfelkuchen gestrichen, macht daraus einen duftenden, provenzalischen Traum!

Ganz wichtig, wenn Sie Honig & Co. als Fettersatz verwenden: Die Backtemperatur sollte eher im niedrigen Bereich liegen und 180 °C nicht überschreiten, sonst kann das Gebäck zu fest werden.

Frucht statt Fett – Pürees, Kompott und Obstsäfte

Pflaumenpüree, Bananenmus, Apfelkompott und Orangensaft ersetzen das Fett in Backrezepten auf gesunde und schmackhafte Weise. Wenn Sie eigene Backrezepte entfetten möchten, wählen Sie einfach den fruchtigen Fettersatz aus, der zu Ihrem Gebäck am besten passt.

Bananen

Pürierte Bananen geben so viel Aroma ab, dass sie andere Zutaten geschmacklich zudecken können. Es empfiehlt sich daher, Bananen vor allem für Gebäck zu verwenden, bei dem sich ihr intensives Aroma gut mit den restlichen Zutaten ergänzt, also beispielsweise für einen Schokoladenkuchen oder in Verbindung mit exotischen Früchten wie Datteln und Feigen. Bananen sind außerdem so süß, dass sie den Zucker teilweise – in manchen Rezepten sogar ganz – ersetzen können.

Wenn Sie für ein Rezept Bananenpüree benötigen, sollten Sie die Früchte erst kurz vor dem Untermischen schälen und mit der Gabel zerdrücken, weil Bananen sehr schnell braun werden. Zusätzlich können Sie ein paar Tropfen Zitronensaft auf das Mus träufeln.

Pflaumenpüree

Ein wunderbarer und äußerst vielseitig verwendbarer Fettersatz ist Pflaumenpüree. Es enthält viele Ballaststoffe, Vitamine und Mineralien.
● Um 100 Gramm Pflaumenpüree zu bekommen, pürieren Sie 80 Gramm Trockenpflaumen mit 20 Milliliter Wasser im Mixer.
● Pflaumenpüree eignet sich vor allem für dunkle Teige wie Schokoladenkuchen, verschiedene Muffinsorten, Gewürzschnit-

Neben weißem Haushaltszucker gibt es noch viele andere Süßungsmittel. Wer in der Rezeptur Zucker durch Sirup ersetzt, sollte die restliche Flüssigkeitsmenge reduzieren.

ten, Müslischnitten und Früchtebrot. Für feine, helle Teige und Tortenböden ist es weniger geeignet. Wie Bananenmus enthält auch Pflaumenpüree sehr viel natürliche Süße, d. h., es wird weniger Zucker benötigt.

Apfelmus, pürierte Pfirsiche und Birnen

Apfelmus und stückiges Apfelkompott kann sehr gut in Rezepten verwendet werden, in denen Sie den ursprünglichen Geschmack nicht verändern möchten. Ebenfalls relativ geschmacksneutral sind pürierte Dosenpfirsiche und -birnen, die außerdem den Vorteil haben, dass man sie jederzeit zu Hause vorrätig haben kann.

Fettersatz Kürbis

Ein richtig schön geformter ganzer Kürbis macht sich auch als origineller Suppentopf sehr gut. Schneiden Sie einen Deckel ab, und lösen Sie dann das Fruchtfleisch mit einem Löffel heraus. Einen Teil Fruchtfleisch verwenden Sie zum Backen und den Rest für eine cremige Kürbissuppe, die Sie dann im hohlen Kürbis servieren.

Kürbis in den Kuchen? Wahrscheinlich werden viele Leser dabei erst einmal erstaunt den Kopf schütteln. Kürbis süßsauer eingelegt, ist weithin bekannt (und wenig beliebt …); dass Kürbisfleisch jedoch einer der besten Fettersatzstoffe ist, dagegen weniger. Kürbisbrot, Kürbiswaffeln oder eine Kürbistorte – wer einmal das pralle Kürbisfleisch für saftiges, vollmundiges Gebäck verwendet hat, weiß, warum man den Kürbis den König des Gartens nennt!

Vielseitig und nährstoffreich

Bevor ich aufzeige, wie Kürbis für Gebäck und Kuchen verwendet werden kann, lassen Sie mich die Vorteile dieses unschlagbaren Fettersatzes einmal aufzählen:
- Kürbisfleisch ist quasi fettfrei, enthält dafür jedoch eine Menge an Vitaminen, Ballaststoffen und Mineralien.
- Kürbis ist in Obst- und Früchtekuchen ein idealer Partner für Äpfel, Bananen oder auch exotische Früchte wie Ananas.

● Kürbis ist relativ geschmacksneutral, d. h., er kann für vielerlei Sorten Gebäck verwendet werden. Wenn pürierte Bananen zu geschmacksintensiv sind – z. B. im Boden eines Käsekuchens –, dann können Sie jederzeit auf Kürbispüree als Fettersatz umsteigen.

● Während Pflaumenpüree sich eher für dunkle Teige eignet, kann das hellgelbe bis orangefarbene Kürbisfleisch auch für helles Gebäck, wie beispielsweise helle Muffins oder Rührkuchen, verwendet werden.

● Kürbisfleisch ist günstig, lässt sich portionsweise einfrieren und ist somit das ganze Jahr über erhältlich. Beim Kauf können Sie ruhig auf die günstigste Sorte – meist ist es der gelbe Riesenkürbis – zurückgreifen, er ist für Backwaren aller Art geeignet.

Roh und gekocht verwendbar

Mit Kürbisfleisch können Sie fast alles machen. Sie können es grob raffeln und roh unter eine Teigmasse rühren. Sie können es würfeln, in etwas Wasser kochen, abtropfen lassen, pürieren und dann entweder für einen Teig oder als Füllung für einen Kuchen verwenden. Sie können Kürbiswürfel auch in etwas Weißwein garen, abkühlen lassen, mit Magerquark, Zucker und aufgelöster Gelatine zu einer wunderbaren Tortenmasse verarbeiten, die Sie mit etwas Zimt oder Ingwer abschmecken.

Kürbismus zum Backen

Ein Standardrezept für die Verwendung von Kürbisfleisch als Fettersatz möchte ich Ihnen an dieser Stelle geben, darüber hinaus können Sie selbst nach Herzenslust mit dem vielseitigen Kürbis experimentieren:

● Schälen und entkernen Sie einen Kürbis (bzw. ein Stück Kürbis), und würfeln Sie das Fleisch.

● Garen Sie die Würfel in etwas Wasser (wahlweise mit einem Löffel Zucker) oder Weißwein, bis sie weich sind.

Sie können auch die Kerne des Kürbis verwenden. In einer Pfanne angeröstet und wie Sesamsamen oder Mohn über herzhaftes Gebäck gestreut, liefern sie gesunde essenzielle Fettsäuren und knackigen Nussgeschmack! Aber Vorsicht: Wie alle Nüsse und Samen sind auch Kürbiskerne sehr fetthaltig!

● Gießen Sie die Flüssigkeit gut ab. Die Hälfte der Würfel pürieren Sie im Mixer zu feinem Mus, die andere Hälfte können Sie entweder als Würfel belassen oder lediglich grob mit einer Gabel zerdrücken.

● Füllen Sie beide Kürbismassen separat in Gefrierbeutel ab. Nach dem Auftauen bei Zimmertemperatur sollten Sie das Mus nochmals etwas abtropfen lassen. Verwenden Sie nun entweder das grobe oder feine Mus je nach Rezept.

Tipp Als Faustregel können Sie bei jedem Kuchen 100 Gramm Fett durch 100 Gramm feines Kürbispüree ersetzen, wobei Sie beim Zugeben der flüssigen Zutaten etwas vorsichtig sein sollten. Je nachdem, wie wässrig Ihr Kürbismus ist, muss der Anteil der feuchten Zutaten (Eier, Milch, Quark etc.) reduziert werden, damit der Teig die richtige Konsistenz bekommt.

Fruchtsäfte

Richtig gesund wird Ihr entfetteter Kuchen, wenn Sie die Orangen frisch pressen oder Äpfel, Birnen oder Trauben im Entsafter verflüssigen. Weil diese Säfte sehr dickflüssig werden, bereiten Sie etwas weniger zu und verdünnen sie noch mit etwas Wasser.

Apfel-, Orangen- und Traubensäfte eignen sich besonders gut für alle schweren, festen Teige, die zu einem Teil aus Vollkornmehl, Hafer- oder Weizenkleie oder anderen Cerealien bestehen. Sie können beispielsweise eine Müslimischung in ein wenig Saft quellen lassen und dann erst zur Teigmasse geben.

Mit Phantasie experimentieren

Nachdem Sie einige Erfahrung beim fettfreien Backen gesammelt haben, bieten Ihnen Früchte als Fettersatz ein großes Feld zum Experimentieren! Was halten Sie beispielsweise davon, ein rustikales Brot mit Kürbis- oder Zucchinifleisch zu backen? Oder einen Rührkuchen, bei dem Sie die Butter durch Ananasraspel ersetzen? Sie können Ihre Müslischnitten geschmacklich variieren, indem Sie exotische Säfte wie Mango- oder Kiwisaft verwenden. Oder Sie können ausprobieren, wie ein Schokoladenkuchen schmeckt, in dessen Masse Sie ein ganzes Glas Sauerkirschen samt Saft rühren – die Wahl liegt bei Ihnen!

So funktioniert das Backen mit fettreduzierter Butter

Wer beim Backen nicht ganz auf Butter und Margarine verzichten möchte, hat zwei Möglichkeiten – Sie können erstens die Fettmenge reduzieren und dafür von anderen Zutaten mehr nehmen. Oder Sie können mit fettreduzierter Butter oder Margarine backen. Es funktioniert trotz sämtlicher anders lautender Meinungen!

Sie sollten lediglich ein Produkt wählen, das pro 100 Gramm ca. 40 Gramm Fett enthält (im Vergleich dazu: herkömmliche Butter enthält 83 Gramm Fett, Margarine 80 Gramm) – mit stärker entfetteten Produkten gelingt tatsächlich kein Kuchen!

Temperatur nicht zu hoch einstellen

Da ein Teil des Fetts bei Diätbutter und -margarine durch Wasser oder Buttermilch ersetzt wird, ist die Konsistenz natürlich eine andere als bei herkömmlicher Butter oder Margarine, und auf diese veränderte Konsistenz muss beim Backen Rücksicht genommen werden.

Das Wichtigste Backen Sie Ihr Gebäck mit fettreduzierter Butter bei maximal 180 °C – bei höheren Temperaturen kann es passieren, dass der Teig auseinander fällt und »Streifen« bekommt. Wenn Sie eigene Rezepte fettreduzieren möchten, empfiehlt es sich, statt 100 Gramm herkömmlicher Butter lediglich 75 Gramm fettreduzierte Butter zu nehmen und eventuell mit anderen Zutaten aufzufüllen. So sparen Sie Fett gleich in doppelter Hinsicht!

Hinweis Alle Rezepte, in denen fettreduzierte Butter oder Margarine verwendet werden, gelten als fettreduziert und nicht als »fettfrei«. Das gleiche gilt für Rezepte, in denen ein oder zwei Esslöffel eines guten kaltgepressten Öls verwendet werden. Diese Rezepte sind im folgenden Teil des Buchs mit einem Sternchen (*) gekennzeichnet.

Den durch fettreduzierte Butter nur teilweise ersetzten Fettanteil kann man z. B. gut durch ein weiteres Eiweiß oder durch zwei Esslöffel Buttermilch oder Joghurt ergänzen.

Die gesunde Auswahl der Backzutaten

Die besten selbst gemachten Kuchen gelingen, wenn frische und qualitativ hochwertige Zutaten verwendet werden. Reformhäuser oder gut sortierte Supermärkte bieten eine große Auswahl.

Vollkornmehl enthält noch alle Teile des Korns, sprich den Keimling, den Mehlkörper und die Frucht- und Samenschale. Vor allem die Schale enthält Vitamine und Mineralstoffe und ist sehr ballaststoffreich. Je niedriger die Typenzahl des Mehls ist, desto weniger vitaminreiche Randschichten sind darin enthalten.

Auszugs- oder Vollkornmehl

Unbestritten ist das aus dem vollen Korn gemahlene Mehl gesünder und ballaststoffreicher als Auszugsmehl. Dennoch ist es Ihrem persönlichen Geschmack überlassen, welches Mehl Sie für welches Rezept verwenden.

Die meisten Rezepte dieses Buchs basieren auf dem handelsüblichen Weizenmehl Type 405, das jedoch auch durch Vollkornmehl ersetzt werden kann. Vor allem dunkles Gebäck, wie z. B. Schokomuffins, Gewürzkuchen oder Mokkakuchen, kann gut mit Vollkornmehl (Weizen oder Hafer) gebacken werden; bei einer feinen Sonntagstorte mit Baiserfüllung würde ich jederzeit ein helles Weizenmehl vorziehen.

Dunkles Mehl braucht mehr Flüssigkeit

Wer seiner Gesundheit zuliebe Vollkornmehl in seine Backrezepte einbauen möchte, kann auch jeweils zur Hälfte Vollkorn- und Auszugsmehl verwenden. Anders verhält es sich mit Maismehl oder Maisgrieß. Dieses würde ich nur ungern ersetzen, da es dem jeweiligen Gebäck geschmacklich wie auch in punkto Teigbeschaffenheit eine ganz spezielle Note verleiht.

Noch etwas sollten Sie wissen: Teig aus Vollkornmehl und dunklen Mehlsorten verträgt in der Regel etwas mehr Flüssigkeit – wenn Sie damit backen wollen, sollten Sie die Mengenangaben bei flüssigen Zutaten wie Buttermilch, Saft, aber auch bei Fruchtpürees einfach etwas variabel handhaben und gegebenenfalls etwas mehr davon nehmen.

Cerealien – Keime und Müsli

Grundsätzlich ist bei jedem Rezept angegeben, welche Art von Cerealien verwendet wird. Sie können jedoch auch bei diesen Zutaten experimentieren. Wer mehr Biss wünscht, verwendet grobe statt zarte Haferflocken; wem es zu aufwändig ist, für das Frühstücksbrot mehrere Cerealiensorten zu mischen, beschränkt sich auf zwei; wer im Supermarkt um die Ecke keine Weizenkeime bekommen kann, lässt sie einfach weg und ergänzt das jeweilige Rezept dafür um die entsprechende Menge Mehl.

»Abgemagerte« Knusperstreusel

Müslimischungen und Cornflakes können nicht nur als Zutaten für einen Teig, sondern auch für Kuchenstreusel verwendet werden. Mischen Sie dazu einfach einige Löffel Haferflocken, Cornflakes oder Müsli mit etwas Zimt und Honig und »krümeln« Sie alles gut durch. Im Gegensatz zu den klassischen Streuseln aus Mehl, Zucker und Butter enthalten diese Streusel kein Fett. Ob Gewürzschnitten oder Muffins – knusprige Kuchenstreusel machen vielerlei Gebäck nochmal so gut!
Beim Kauf von Cerealien gilt grundsätzlich: Lesen Sie die Inhaltsangaben auf den Packungen! Manche Müslis und Frühstückscerealien sind die reinsten Fettbomben, andere hingegen – z. B. das von uns verwendete Schokomüsli – weisen nur vier Gramm Fett pro 100 Gramm auf.

Das Fett im Müsli stammt vor allem von den enthaltenen Nüssen – wählen Sie daher unbedingt ein Früchtemüsli oder eine Sorte mit geringem Nussanteil. Das im Rezeptteil verwendete Schokomüsli hat auf 100 Gramm nur vier Gramm Fett.

Süßen mit purer Natur

Grundsätzlich ist bei jedem Rezept angegeben, welche Art von Süßungsmitteln verwendet wurde. Es bleibt aber Ihrem persönlichen Geschmack überlassen, ob Sie braunen oder weißen Zucker oder Fruchtzucker verwenden, oder ob Sie den Zucker ganz durch Honig ersetzen. Da beim Erhitzen über 40 °C die meisten der wertvollen Inhaltsstoffe zerstört werden, ist Honig nicht unbedingt gesünder als Zucker, sein sanftes Eigenaroma tut manchem Gebäck jedoch gut, und aus der Weihnachtsbäckerei ist Honig natürlich gar nicht wegzudenken!

Was Sie in diesem Buch nicht finden werden, sind künstliche Süßstoffe. Diese verderben meiner Ansicht nach das Aroma jedes Kuchens! Wer aus gesundheitlichen Gründen oder seiner Figur zuliebe nicht nur auf Fett, sondern auch auf raffinierten Zucker verzichten möchte, findet ebenfalls einige Rezepte zum Nachbacken. Wie wäre es beispielsweise mit einem rustikalen Bananenbrot oder dem Paradiesischen Rührkuchen, dessen Süße von den verwendeten Früchten stammt?

Eier in Maßen verwenden

Gebäck ganz ohne Eier gebacken, ist vor allem auch für Menschen interessant, die allergisch auf Hühnereiweiß reagieren oder bei denen der Arzt bereits zu hohe Cholesterinwerte festgestellt hat.

Wussten Sie, dass ein Eidotter 6,1 Gramm Fett enthält? Backen Sie also z. B. einen herkömmlichen Biskuitboden für eine Torte mit sechs Eiern, enthält der Boden alleine bereits fast 40 Gramm Fett! Dazu noch die gerührte Butter, die Sahnefüllung – und ein Stückchen Biskuitgebäck reicht aus, um die tägliche Fettzufuhr kometenhaft in die Höhe schnellen zu lassen.

Blutfettwerte in Gefahr

Dazu kommt noch der Umstand, dass das Fett im Eidotter von der ungesündesten Sorte ist: Es enthält über 310 Milligramm Cholesterin! Das Eiweiß hingegen ist in punkto Fettgehalt harmlos, es enthält lediglich 0,1 Gramm Fett und gar kein Cholesterin. Es gilt also, nicht nur sichtbare Fette wie Butter und Margarine aus einem Backrezept zu streichen, sondern vor allem auch die versteckten Fette im Eidotter.

Es bedarf einiger Überwindung, zum ersten Mal einen Kuchen ohne Eier oder Eigelb zu backen, schließlich haben wir alle einmal gelernt: Viele Eier machen einen Kuchen erst so richtig mürbe und wertvoll. Skeptikern rate ich: Beginnen Sie mit dem Saftigen Apfelkuchen oder dem Paradiesischen Rührkuchen – beide Rezepte kommen völlig ohne Eier aus und überzeugen auch verwöhnte Gaumen durch ihr ausgezeichnetes Aroma!

Die Verwertung der Eidotter

Eine Frage, die sich an dieser Stelle auftut, ist folgende: Was tun mit all den übrig gebliebenen Eidottern? Sie einfach wegzuwerfen ist weder ökologisch noch ökonomisch vertretbar, was bedeutet, dass nach alternativen Verwendungsmöglichkeiten gesucht werden sollte. Wer nicht seine Nachbarin mit Tassen voller Eigelb beglücken möchte, kann wenigstens hin und wieder nach einem Rezept backen, bei dem ausschließlich Eidotter benötigt werden. Als Hundehalter haben Sie es am leichtesten: Für Ihren Liebling stellen Eidotter eine wertvolle Nahrungsergänzung dar, die für glänzendes Fell sorgt. Sie können also Hundekekse damit backen oder das Futter ergänzen.

Eine Alternative – Trockeneiweiß

Statt mit frischen Eiern können Sie selbstverständlich auch mit Trockeneiweiß backen, das es im Reformhaus zu kaufen gibt. Wie viel Sie davon benötigen, um ein Eiweiß zu ersetzen, lesen Sie bitte auf der jeweiligen Verpackung nach. Ich persönlich bevorzuge jedoch unbedingt die natürliche Variante und würde auch nie mit Eiern aus einer Legebatterie backen!

Nüsse und Samen

Beim Durchblättern der einzelnen Rezepte werden Sie vielleicht mit Erstaunen feststellen, dass an vielen Stellen Nüsse als Backzutat genannt werden. Und das, obwohl Nüsse zu den fetthaltigsten natürlichen Lebensmitteln überhaupt gehören! So liefern

Begriffe wie »Bioeier«, »nestfrisch«, »Landeier« oder »biofrische Eier« sind für den Verbraucher oft irreführend, da sie keineswegs auf eine artgerechte Haltung der Hühner hinweisen. Eier sollten Sie wirklich nur dort kaufen, wo sie garantiert aus Freilandhaltung stammen – also möglichst direkt beim Bauernhof.

100 Gramm Mohnsamen enthalten 41 Gramm Fett! Mohn ist also wie alle Samen und Nüsse sehr fettreich. In Kombination mit z. B. einem fettarmen Teigboden und einer ebenso fettarmen Quarkmasse dürfen Sie sich den Mohngenuss jedoch ohne schlechtes Gewissen schmecken lassen.

z. B. 100 Gramm Hasel- oder Walnüsse über 60 Gramm Fett, Leinsamen bringen es immerhin auf 30 Gramm und Mohnsamen auf 41 Gramm. Doch Fett ist nicht gleich Fett, wie wir wissen. Das Fett in Nüssen und Samen besteht zu einem Großteil aus mehrfach ungesättigten Fettsäuren, die der menschliche Organismus nicht selbst bilden kann. Sie sind also essenziell und sollten unbedingt in den täglichen Speiseplan eingebaut werden. Neben diesen gesunden Fetten liefern Nüsse eine Menge Eiweiß, Vitamin E und verschiedene Mineralien.

Den Anteil etwas reduzieren

Haselnuss & Co. sind also durchaus gesunde Backzutaten, wenn man sie in Maßen verwendet! Und das geschieht bei den Rezepten dieses Buchs. Statt die Teigmasse durch einen hohen Nussanteil unnötig mit Fett zu belasten, werden lediglich einige gehackte Nüsse untergehoben oder auf den Kuchen gestreut – so bekommen Sie das volle Nussaroma ohne viel Fett!
Möchten Sie eigene Rezepte mit hohem Nussanteil entfetten – diese finden sich vor allem in der Weihnachtsbäckerei –, können Sie z. B. statt der Nüsse Haferflocken verwenden. Oder Sie ersetzen einen Teil der Nüsse durch Trockenfrüchte und/oder Weizenkeime (100 Gramm enthalten 9 Gramm Fett, davon knapp 6 Gramm ungesättigte Fettsäuren!).

Rösten steigert das Aroma

Grundsätzlich ist bei jedem Rezept angegeben, mit welcher Nusssorte gebacken wird – doch auch hier können Sie variieren. Verwenden Sie z. B. für das Kalifornische Orangenbrot Leinsamen oder Sonnenblumenkerne statt – wie im Rezept – Mohnsamen. Oder ersetzen Sie einmal Walnüsse durch die günstigeren Haselnüsse. Sie können Nüsse und Samen auch erst ein wenig in einer Pfanne anrösten und dann unter den Teig heben – so bekommen Sie ein noch nussigeres Aroma.

Gewürze und Backaromen

In fettfreiem Gebäck, bei dem der Geschmacksträger Nummer eins entfällt, spielen Gewürze und Aromen eine besondere Rolle. Schon ein halber Teelöffel Zimt macht aus einem einfachen Schokoladenkuchen eine würzige Angelegenheit, deren Duft die ganze Wohnung erfüllt. Geriebene Nelken, Kardamom, Zimt und Muskatnuss entfalten nicht nur in weihnachtlichem Gebäck ihr Aroma, sondern können in kleinen Mengen auch Obstkuchen, Muffins und Gebäckschnitten verfeinern.

Da Zimt mein Lieblingsgewürz ist, habe ich damit verschiedene Mischungen kreiert: z. B. ein Apfelkuchengewürz, bestehend aus Zimt, braunem Zucker, Vanillezucker und einer Prise gemahlenen Nelken und ein Pflaumenkuchengewürz aus Zimt, braunem Zucker, Ingwer und einer Prise gemahlenem Sternanis. Daneben findet sich in meinem Gewürzregal auch eine große Dose Zimt-Zucker-Mischung, die ich gern über Muffins und braune Kuchen aller Art streue. Ob Zimt, Vanille oder Muskatnuss – mischen auch Sie sich Ihr Lieblingsgewürz, und verwenden Sie es beim Backen nach Herzenslust!

Wenn möglich sollten Sie Gewürze wie Nelken, Sternanis oder Muskatnuss erst kurz vor der Verwendung mahlen und mischen, damit sie ihr Aroma besser entfalten können. Reste können Sie in dunklen Gefäßen gut verschlossen aufbewahren.

Die richtige Dosis an Gewürzen rundet jeden Kuchenteig geschmacklich perfekt ab. Ob Zimt, Nelke oder Muskat – experimentieren Sie ruhig etwas und versuchen neue Kreationen.

Backöle liefern Fettkalorien

Wenn Sie die Rezepte durchlesen, werden Sie feststellen, dass meist von »1 Päckchen Vanillinzucker« die Rede ist, was zwei Gründe hat: Vanillinzucker ist günstig und überall erhältlich. Sie können stattdessen selbstverständlich auch echten Vanillezucker verwenden, der natürlich ein unvergleichlich besseres und intensiveres Aroma hat.

Achtung! Eines sollten Sie in punkto Aromen allerdings beachten: Die kleinen Fläschchen Backaroma – sei es Bittermandel, Vanille oder Zitrone – bestehen zu fast 100 Prozent aus purem Öl, dem lediglich einige Tropfen Aroma zugesetzt wurden! Verwenden Sie daher besser die fettfreien und natürlichen Originale wie frischen Zitronensaft oder einen Löffel Rum!

Pikant – kräuterwürziges Gebäck

Auch herzhaftes Gebäck bedarf einer Würze. Ob Sie frische, getrocknete oder gefriergetrocknete Gartenkräuter verwenden, bleibt Ihrer persönlichen Vorliebe überlassen. Ich selbst bevorzuge die gefriergetrocknete Version. Damit habe ich die verschiedensten Kräuter jederzeit zur Hand. Auch Käse ist in deftigen Keksen, Quiches und anderem Gebäck als Geschmackslieferant sehr beliebt, aber leider auch sehr fettreich!

Weniger fettreich wird Ihr Käsegebäck, wenn Sie es – statt Käse in den Teig zu geben – lediglich mit etwas frisch geriebenem Käse bestreuen und dann backen. Zum Bestreuen eignen sich alle würzigen Hartkäse wie Parmesan, Emmentaler oder Bergkäse.

Kaffee und Likör als Würze

Daneben finden sich in der Speisekammer auch andere Aromastoffe, von denen fettarmes Gebäck geschmacklich profitiert. Denken Sie an löslichen Kaffee oder einen starken Mokka, der esslöffelweise einer Teigmasse zugegeben wird. Oder an Alkoholisches wie Rum, Portwein oder Aprikosenlikör.

Tipp Rot- oder Weißwein eignet sich auch sehr gut als Fettersatz! Wenn in einem Rezept z. B. Orangensaft verwendet wird, können Sie stattdessen auch einen kräftigen Wein nehmen!

Triebmittel und Lezithin

Grundsätzlich ist bei jedem Rezept angegeben, welche Art von Triebmittel verwendet wurde. Doch in diesem Punkt bin ich Puristin. Außer einfachem Backpulver, frischer oder Trockenhefe findet bei mir kaum ein anderes Triebmittel, wie z. B. Sodapulver oder Hirschhornsalz, Verwendung. Wird dieses bei schweren Teigen (wie für Lebkuchen) doch einmal benötigt, wird es natürlich im Rezept erwähnt.

Ungewohnt wird für die meisten von Ihnen die Verwendung von Lezithin in Kuchenteigen sein. Ich bekam den Tipp, die Beschaffenheit von fettarmen Kuchenteigen durch die Zugabe einer Prise Lezithin zu verbessern, schon vor vielen Jahren von meiner amerikanischen Cousine. In den USA ist Lezithin nämlich in Bäckereien, aber auch in Privathaushalten, eine gängige Backzutat. Bei fettfreien Backwaren sorgt es für eine besondere Geschmeidigkeit und verhindert, dass Cookies & Co. strohig schmecken. Außerdem wirkt Lezithin wie eine Art Triebmittel, d. h., die Teige gehen damit besser auf.

Vitamin- und mineralstoffreiche Zutat

Was ist Lezithin eigentlich? Lezithin ist ein Nebenprodukt, das bei der Gewinnung von Sojaöl entsteht. Sie bekommen es in Ihrem Reformhaus in flüssiger und in pulverisierter Form, wo es als gesundheitsfördernde Nahrungsmittelergänzung verkauft wird. Neben einer Menge Vitamin A und E enthält Lezithin viel Eisen, Phosphor, Kalzium und Magnesium. Wie Soja enthält auch Lezithin eine große Menge ungesättigter Fettsäuren. Durch die Zugabe von Lezithin erhöht sich also der Fettgehalt eines Kuchens, allerdings in einem durchaus erträglichen Rahmen. Nehmen Sie einen Teelöffel Lezithin pro Kuchen, liefert das ca. sechs Gramm Fett. Angesichts der vielen positiven Eigenschaften, die diese Zutat hat, sollten Sie hier in punkto Fettgehalt ruhig ein Auge zudrücken!

Achtung! Beim Kauf von Lezithin sollten Sie unbedingt darauf achten, dass Sie feines Pulver bekommen. Die ebenfalls erhältlichen Granulatkapseln oder die flüssige Version eignen sich zum Backen weniger.

Wer fettarmes Gebäck bevorzugt, muss auf Aroma keineswegs verzichten.

Tipps und Tricks – so gelingt der Kuchen

Die größte Sorge, die traditionelle Bäcker/innen hinsichtlich des fettfreien Backens äußern, ist die, dass fettfreies Gebäck trocken und »staubig« bzw. dass es gar nicht schmeckt, weil eben der Geschmacksträger Nummer eins fehlt. In beiden Punkten kann ich Sie beruhigen. Fettarmes Gebäck schmeckt wunderbar saftig und aromatisch und keinesfalls fettarm, wenn Sie beim Backen einige Punkte beachten.

Den Teig anrühren

Wenn ein Handrührgerät oder Mixer zum Verrühren bzw. Aufschlagen eines Teigs benötigt wird, so ist dies im Rezept vermerkt; für die meisten Teige reicht jedoch ein einfacher Rührlöffel völlig aus. Vorsicht bei der Zugabe von Flüssigkeiten. Sehr häufig werden Buttermilch, Saft, Honig oder Sirup als Fettersatz eingesetzt. Natürlich ist in jedem Rezept die empfohlene Menge angegeben. Diese kann jedoch bei verschiedenen Mehlsorten variieren, denn dunkle Mehle benötigen in der Regel etwas mehr Flüssigkeit als Auszugsmehl.

Flüssigkeit nach und nach zugeben

Bei Gebäck, für das Müsli oder Cerealien verwendet werden, kann die benötigte Menge Flüssigkeit ebenfalls von der im Rezept angegebenen abweichen. Mein Tipp lautet daher: Gießen Sie nicht die ganze Flüssigkeit auf einmal zu den trockenen Zutaten, sondern geben Sie diese nach und nach dazu, bis die Teigmischung die gewünschte Konsistenz erreicht.

Eine Küchenwaage erleichtert das Portionieren und Abmessen der verschiedenen Backzutaten. Achten Sie bei der Anschaffung einer neuen Waage unbedingt darauf, dass eine Schüssel dazugehört, in der man auch größere Mengen Mehl – z. B. zum Brotbacken – abwiegen kann.

Die Backformen vorbereiten

Damit beim Lösen des Kuchens aus der Form kein Malheur geschieht, müssen die meisten Backformen auch bei fettfreiem Gebäck eingefettet werden.

Doch auch dabei können Sie im Gegensatz zu der herkömmlichen Bäckerei schon eine Menge Fett sparen: Statt die Formen großzügig mit Butter oder Margarine einzustreichen, geben Sie ein wenig Öl in einen Pumpzerstäuber und sprühen damit die Backformen dünn ein. Oder Sie geben ein wenig Margarine auf ein Stück Haushaltsrolle und reiben die Backformen damit lediglich sorgfältig ab.

Praktisch – Backpapier oder Beschichtung

Sie können natürlich auch speziell beschichtete Backformen verwenden, bei denen kaum oder gar kein Einfetten mehr nötig ist – fragen Sie im Fachhandel nach entsprechenden Modellen. Springformen und Backbleche legen Sie mit Backpapier aus und können so das Einfetten völlig sparen.

Fragen Sie im Fachhandel nach speziell beschichteten Backformen, Backblechen, Pfannen und Töpfen, mit denen Sie beim Backen und Braten auf Fett verzichten können.

Backpapier ist ideal für großflächige, ebene Backformen. So ist kein zusätzliches Fett mehr nötig, der Kuchen »klebt« nicht in der Form, und das Papier lässt sich leicht vom Kuchen abziehen.

Das Backen im Ofen

Backen Sie Ihre Kuchen, Kekse und Gebäckschnitten nie bei hoher Hitze, sondern maximal bei 180 bis 200 °C. Bei höheren Temperaturen würden Gebäckstücke, die kein Fett enthalten, tatsächlich austrocknen.

Backen Sie fettfreies Gebäck eher etwas kürzer als üblich. Dies gilt vor allem für den Fall, wenn Sie eigene Rezepte entfetten. Die im Buch angegebenen Backzeiten sollen Ihnen als Richtlinien dienen. Um festzustellen, ob ein Kuchen durchgebacken ist, empfehle ich unbedingt die Stäbchenprobe. Stechen Sie mit einem Zahnstocher oder hölzernen Schaschlikspieß gegen Ende der Backzeit in die Mitte des Kuchens hinein. Wenn beim Herausziehen kein Teig mehr am Stäbchen kleben bleibt, ist Ihr Kuchen gar, und Sie können ihn aus dem Backofen nehmen.

Die Stäbchenprobe ist ein einfaches, aber verlässliches Hilfsmittel, wenn Sie testen möchten, wann der Kuchen fertig ist.

Das Auge isst mit

Selbst gebackene Kuchen sollen nicht nur fettarm und gesund sein, sie sollen vor allem schmecken. Kein Krümel davon soll auf dem Kuchenteller übrig bleiben! Auf keinen Fall soll man ihnen schon von weitem ansehen, dass sie »gesund« sind.

Auch das Auslösen des fertigen Kuchens aus der Form will geübt sein. Lassen Sie ihn nach dem Backen noch drei Minuten (nicht länger!) in der Form ruhen. So kann sich der fertig gebackene Teig setzen, und es entsteht eine Luftschicht zwischen Kuchen und Backform, die das Herauslösen wesentlich vereinfacht.

Gebäck appetitlich dekorieren

● Sparen Sie nicht an der (fettfreien) Glasur. Einem Kuchen, dick mit Zuckerguss, Honig oder Fruchtgelee glasiert oder mit Puderzucker bestreut, kann niemand widerstehen!

● Natürliche Lebensmittelfarbe macht aus einem schlichten Zuckerguss einen Traum in Rosa oder verleiht Pfefferminzrauten den gewissen »After-Eight-Touch« in Grün.

● Verwenden Sie reifes, schönes Obst für Ihre Kuchen – dicke, rote Kirschen vom Bauernmarkt sehen nicht nur attraktiver aus als Kirschen aus der Konserve, sie schmecken auch besser!

● Einige gehackte Nüsse oder eine halbierte Walnusshälfte, gemahlener Mohn oder Kümmel verleihen nicht nur mehr Aroma, sondern bringen Ihr Gebäck optisch besser zur Wirkung. Wer auf Nüsse verzichten möchte: Wie wäre es mit kandierten Früchten, farbigen Zuckerstreuseln oder etwas Hagelzucker?

Schön formen und anrichten

Geben Sie Ihren Kuchen Form! Verwenden Sie statt der angegebenen Backformen ruhig auch ausgefallene Formen wie Herzen oder Muscheln. Oder schneiden Sie Ihre Gebäckschnitten rautenförmig statt gerade zu. Halten Sie die Augen offen nach originellen Ausstechformen. Sind sie groß genug, können Sie damit nicht nur Kekse und Lebkuchen, sondern allerlei Kleingebäck (z. B. die Rum-Bananen-Schnitten) ausstechen.
Nehmen Sie zum Servieren Kuchenteller und Platten je nach Art des Gebäcks. Rustikales Steingut, Holzteller, kleine Körbchen, Keramik aus der Toskana, Glasplatten oder feinstes Porzellan aus Großmutters Zeit – auch unkonventionelles Geschirr kann zu Ehren kommen.

Natürlich erhöht sich durch eine Nussdekoration der Gesamtfettgehalt des Gebäckstücks, aber allzu fanatisch sollte man schließlich nichts sehen, auch das fettarme Backen nicht!

Die Größe der Backformen

Die für die Rezepte dieses Buchs verwendeten Backformen haben folgende Maße:

● Kleine Springform (Kranzform),
  Durchmesser 23 Zentimeter
● Große Springform (Kranzform),
  Durchmesser 25 Zentimeter
● Kleine Kastenform, Maße 21 x 11 Zentimeter
● Große Kastenform, Maße 25 x 11 Zentimeter
● Obstkuchen-/Tarteform, Durchmesser 30 Zentimeter
● Kleines rechteckiges Backblech oder Kuchenform,
  Maße 27 x 22 Zentimeter

Wer glaubt, dass fettfrei gebackene Kuchen trocken und spröde schmecken, der irrt. Anstelle des Fetts treten saftige, aromatische Zutaten, die dem Selbstgebackenen viel Geschmack geben.

Besonders die guten alten Rezepte aus Großmutters Zeit sind die reinsten Kalorienbomben. Ein Gesundheitskuchen aus der damaligen Zeit beispielsweise soll neben Mehl und Zucker sage und schreibe sechs Eier, ein halbes Pfund Butter und eine ganze Tasse Vollmilch enthalten. Genau richtig, um einen Entfettungsversuch zu starten!

So werden eigene Backrezepte fettärmer

Wer einmal festgestellt hat, wie saftig und aromatisch fettarme Kuchen schmecken können, wird von »schlankem« Gebäck gar nicht mehr genug kriegen können! Vielfalt und Abwechslung stehen auch in der fettarmen Bäckerei hoch im Kurs, wobei die mehr als 60 Rezepte in diesem Buch eine bunte Mischung darstellen! Darüber hinaus können Sie viele eigene Rezepte entfetten und dadurch mit ruhigem Gewissen – und ohne sorgenvollen Blick auf die Waage – genießen.

Lieblingsrezepte – abgespeckt

Wie das Entfetten funktioniert, möchte ich Ihnen am Beispiel eines klassischen Kuchenrezepts zeigen. Die ursprüngliche Zutatenliste des Orientalischen Teekuchens liest sich so:

- 300 g Butter
- 250 g Zucker
- 1 Päckchen Vanillinzucker
- 1 Fläschchen Zitronenöl
- 1 TL Zimt
- 1 TL Kardamom
- 6 Eier
- 3 EL Rum
- 350 g Mehl
- 2 TL Backpulver
- 130 g Rosinen
- 130 g Belegkirschen
- 150 g eingelegte Walnüsse aus dem Glas
- 100 g Schokoladenfettglasur

Köstlich – aber eine Fettbombe

Lassen Sie uns kurz nachrechnen: 100 Gramm Butter bestehen zu 83 Prozent aus purem Fett, das wären also in unserem Rezept knapp 250 Gramm Fett. Dazu das Fett der sechs Eigelb mit 37 Gramm und die Walnüsse mit circa 100 Gramm Fett. Macht zusammen runde 390 Gramm Fett. Und lassen Sie uns die Schokoladenfettglasur nicht vergessen, die mit nochmals rund 60 Gramm Fett zu Buche schlägt. Wären wir besonders kleinlich, müssten wir außerdem das Fläschchen Zitronenöl mitrechnen. D. h., der ganze Teekuchen liefert fast 450 Gramm Fett. Schneiden Sie ihn in 14 Stücke, enthält jede Scheibe Kuchen 32 Gramm Fett! Ein oder zwei Stücke davon würden also Ihren Fettbedarf für einen ganzen Tag reichlich decken! Was liegt also näher, als diesen wunderbaren Kuchen etwas abzuwandeln und zu einem fettarmen Genuss zu machen?

Butter und Eier ersetzen

Wir beginnen damit, die 300 Gramm Butter durch eine gesunde, fettarme Zutat zu ersetzen.

Wie Sie inzwischen gesehen haben, gibt es dafür verschiedene Möglichkeiten. Sie könnten z. B. in diesem Fall recht gut ein fettarmes Milchprodukt wie Magerquark oder Buttermilch nehmen. Ein fruchtiger Fettersatz ist meiner Ansicht nach für den Teekuchen aber am besten geeignet, denn er ergänzt sich gut mit den Rosinen und Kirschen.

Nehmen wir also statt 300 Gramm Butter 200 Gramm Trockenpflaumenpüree, dessen Aroma sich wunderbar mit den Nüssen, Gewürzen und anderen Trockenfrüchten verträgt. Da der Kuchen durch den hohen Zuckergehalt und die Früchte sowieso schon sehr süß ist, wäre ein flüssiges Süßungsmittel wie Honig oder Sirup als Fettersatz hier völlig fehl am Platz. Als nächstes gilt es, an unseren Cholesterinspiegel zu denken: Wir verwenden nur zwei ganze Eier und zusätzlich vier Eiweiß.

Zur Herstellung von Butter wird Rohmilch so lange geschleudert, bis sich die schwere Milch vom leichten Rahm getrennt hat. Danach wird der Rahm geschlagen, bis er klumpt und schließlich zu Butter wird. Die dabei abfließende Flüssigkeit ist die (weitaus fettärmere) Buttermilch.

Nüsse zählen zu den klassischen Backzutaten, die leider sehr viel Fett enthalten. Wenn sie zuvor in einer beschichteten Pfanne ohne Fett geröstet werden, schmecken sie intensiver, und die Menge kann reduziert werden.

Nüsse und Schokolade reduzieren

Da es eingelegte Walnüsse (auch schwarze Nüsse genannt) im Supermarkt um die Ecke sowieso nicht gibt und es mühsam wäre, wegen einer Backzutat ins Spezialitätengeschäft zu gehen, fällt es uns leicht, diesen Fettmacher ebenfalls zu ersetzen. Nehmen wir lediglich 50 Gramm gehackte Walnüsse.

Beim Schokoguss scheiden sich die Geister. Da gibt es diejenigen Bäcker/innen, die keinesfalls darauf verzichten möchten. Ihnen sei geraten, statt der 100 Gramm Kuvertüre lediglich 50 Gramm zu verwenden und durch sparsames Aufstreichen Fett zu sparen. Puristen entscheiden sich für ein Bestäuben mit Puderzucker, was zum Charakter des Kuchens ohne weiteres passt.

Zur Dekoration feiner Sonntagskuchen können Sie (ungespritzte) Blüten von z. B. Veilchen oder Rosen und Gewürzblättchen wie Minze oder Salbei mit einer feinen Puderschicht überziehen. Schlagen Sie dazu 1 Eiweiß steif, wälzen die Blätter darin und bestäuben sie mit Puderzucker. Anschließend bei niedrigster Stufe im Backofen ca. 3 Stunden trocknen lassen.

Mit Rum aromatisieren

Ich habe mir etwas ganz Besonderes ausgedacht. Da im Kuchen Rum enthalten ist, greife ich dieses Aroma in Form eines Puderzuckergusses, angemacht mit einem Esslöffel Rum – wieder auf. So ein Zuckerguss birgt mehrere Vorteile – er ist fettfrei und der Kuchen ist dadurch einige Tage lang vor dem Austrocknen geschützt. Wenn keine Kinder mitessen, können Sie den Kuchen auch mit etwas Rum tränken. Stechen Sie mit einem Holzstäbchen einige Löcher in den Kuchen, und träufeln Sie etwas Rum hinein, bevor Sie den Kuchen mit dem Rumguss überziehen – köstlich!

Der neue leichte Teekuchen

Die entfettete Zutatenliste liest sich nun so:
- 200 g Pflaumenpüree
- 200 g Zucker (Sie werden feststellen, der Kuchen ist immer noch süß genug)
- Zimt und Kardamom bleiben, anstelle des Zitronenöls verwende ich 1 Esslöffel Zitronensaft
- 1 EL Lezithin (erhöht die Geschmeidigkeit des Teigs)
- 2 Eier
- 4 Eiweiße
- 3 EL Rum (wahlweise Port- oder Madeirawein)
- 400 g Mehl (diese Menge wurde erhöht, dafür wurde die Zuckermenge etwas reduziert)
- 1 Päckchen Backpulver (in fettarmen Gebäck verwende ich immer etwas mehr Triebmittel)
- 150 g Rosinen
- 150 g Belegkirschen (durch ein Extra an Früchten wird das Weniger an Nüssen aufgefangen)
- 50 g gehackte Walnüsse
- 50 g Puderzucker und 1 EL Rum für den Guss
- eventuell 3 EL Rum zum Tränken

Kaufen Sie Nüsse wie z. B. Walnüsse, möglichst mit der Schale, und knacken Sie sie erst kurz vor Gebrauch. So bleiben die wertvollen Inhaltsstoffe wie B- und E-Vitamine sowie Magnesium so lange wie möglich geschützt.

Die abgewandelte Zubereitung

Die Zubereitung ist ebenfalls etwas anders als im Originalrezept, wo es im ersten Satz heißt: »Rühren Sie die Butter schaumig …«. Wir beginnen damit, Mehl und Backpulver zu mischen und die anderen trockenen Zutaten unterzumengen. Dann die Eier darunter rühren und Löffel für Löffel das Pflaumenpüree als Fettersatz. So laufen wir nicht Gefahr, einen zu flüssigen Teig zu bekommen. Die fettige Version wird bei 190 °C gebacken, unsere »Light«-Version lediglich bei 180 °C, und zwar für eine Stunde und 40 Minuten.

Genuss ohne Reue

Der abgespeckte Teekuchen hat nun insgesamt lediglich einen Fettgehalt von knapp 40 Gramm, die von den zwei Eigelben und den 50 Gramm Nüssen herrühren! Fazit: Aus dem Dickmacher ist ein schlanker Genuss geworden, während gleichzeitig der Charakter des Kuchens, der von der Zusammenstellung der Früchte und Gewürze herrührt, erhalten geblieben ist.

Schritt für Schritt entfetten

Mischen Sie immer erst die trockenen Zutaten und fügen dann nach und nach die flüssigen hinzu, damit Sie bei deren Menge variieren können.

Eine Alternative zur Butter wählen

Suchen Sie aus den genannten Möglichkeiten (siehe Seite 12ff.) einen gesunden Fettersatz aus, der zum jeweiligen Charakter des Kuchens passt. Z. B.: In einem feinen Sandkuchen würde Pflaumenpüree geschmacklich und durch seine dunkle Farbe stören – hier wäre Quark oder Buttermilch sicherlich die bessere Wahl. Wenn Sie mit fettreduzierter Butter oder Margarine backen wollen, dann verwenden Sie statt der vollständigen Menge Fett im Originalrezept nur 50 bis 75 Prozent eines fettreduzierten Produkts. Ist der Teig zu trocken, können Sie z. B. löffelweise ein mageres Milchprodukt zufügen.

Nüsse ersetzen oder reduzieren

Ersetzen Sie gemahlene Nüsse ganz oder teilweise durch Haferflocken und Weizenkeime. Nussfüllungen können gut durch Marmelade und Fruchtmus ersetzt werden.

Sie können die Menge an gehackten Nüssen reduzieren, das volle Nussaroma jedoch behalten, wenn Sie die Nüsse zuvor kurz ohne Fett in einer Pfanne rösten.

Schokogeschmack ohne viel Fett

Fette Kuvertüre ersetzen Sie durch Puderzucker oder einen Zuckerguss, Obstkuchen können Sie mit erwärmten Fruchtgelee oder erwärmtem Honig glasieren.

Ersetzen Sie gemahlene Schokolade durch Schokotröpfchen. Diese lassen sich in kleinen Mengen dosieren, verleihen Schokoladengeschmack ohne viel Fett. Eine ebenfalls fettarme Alternative wäre Schokoladensauce – es gibt Fertigprodukte mit lediglich einem Gramm Fett auf 100 Gramm!

Lästiges Ankleben von Ausrollteigen verhindern Sie entweder durch den Kauf eines neuen, teflonbeschichteten Wellholzes. Bei nicht allzu klebrigen Teigen, wie z. B. Hefeteig, tut es aber auch Großmutters Trick: Das Holz immer wieder mit Mehl kräftig einreiben.

Weniger Eier verbrauchen

Verwenden Sie ganze Eier und Eigelb nur sehr sparsam, dafür bevorzugt Eiweiß. Wenn in einem Rezept z. B. fünf ganze Eier verwendet werden, nehmen Sie lediglich zwei Eier und zusätzlich drei bis vier Eiweiß.

Statt Gebäckstücke vor dem Backen mit Eigelb zu bestreichen, verwenden Sie Magermilch oder fettarme Dosenmilch.

Tortencremes leichter machen

Ersetzen Sie die Sahne in Cremetorten durch fettarmen Quark und Joghurt, wie z. B. in der Joghurt-Himbeer-Torte (siehe Seite 58). Verwenden Sie grundsätzlich nur Magermilchprodukte, auch wenn fettere Versionen im Rezept verlangt werden. Bei

Käsekuchenrezepten ersetzen Sie 40-prozentigen Quark und ganze Eier durch Magerquark und Eiweiß (siehe dazu die Rezepte im folgenden Kapitel). Statt der üblichen fetten Kuchenstreusel aus Mehl, Zucker und kalter Butter kneten Sie magere Streusel aus Haferflocken, braunem Zucker und etwas Honig oder Quark.

Tipp Ist Ihnen ein entfettetes Rezept doch einmal zu trocken geraten, beträufeln Sie den fertigen Kuchen einfach mit etwas Saft, Rum oder Portwein!

Nicht jeder Teig lässt sich gut entfetten

Von Brand- und Strudelteig sollten nicht so erfahrene und geduldige Bäcker/innen ohnehin lieber die Finger lassen. Der Brandteig muss auf dem Herd extra abgebrannt und das fertige Gebäck nach dem Backen mit einem Sägemesser aufgeschnitten werden. Auch der Strudelteig ist ohne Übung gar nicht so leicht hauchdünn auszuziehen.

Mit etwas Phantasie und Mut zum Ausprobieren lassen sich sicherlich die meisten Ihrer Lieblingsrezepte fettärmer zubereiten, ohne an Wohlgeschmack einzubüßen. Es gibt allerdings einige Gebäckformen, die tatsächlich nur mit einer gehörigen Portion Butter oder Margarine oder mit vielen Eiern gelingen.

Welche Teige zum Entfetten geeignet sind

Es eignen sich für Rezepte mit wenig Fett:
● Hefeteig: Brote und Brötchen, geformtes Gebäck wie Hefezöpfe, Osternester oder Figürliches
● Rührteig: Nuss-, Früchte-, Sand- oder Marmorkuchen
● Quark-Öl-Teig: Obstkuchen oder Kleingebäck wie Quarktaschen, Brötchen oder Deftiges zu Bier und Wein
● Biskuitteig: Böden für Obstkuchen und Torten, Biskuitrollen oder Kleingebäck
● Lebkuchenteige mit Honig
● Baisermasse: Diese enthält von Natur aus kein Fett und besteht zum größten Teil aus Eiweiß. Schalen, Torteletts oder Böden aus gespritzter Baisermasse eignen sich daher wunderbar für fettarmes Gebäck mit einer frischen Obstfüllung

Weniger geeignete Teige

Nur bedingt bzw. nicht geeignet sind folgende Rezepte:

● Strudelteig, dessen Fettgehalt aufgrund der besonderen Teigbeschaffenheit durch nichts zu ersetzen ist – mit weniger Fett lässt er sich nicht mehr dünn ausziehen

● Brandteig und Ausbackteige, die viele Eier enthalten müssen, um locker aufzugehen, und die außerdem in Fett gebacken oder frittiert werden

● Mürbteig, bei dem auf drei Teile Mehl schon zwei Teile Fett kommen! Weihnachtsplätzchen, Schwarzweißgebäck, aber auch deftiges Käsegebäck aus Mürbteig würden mit reduziertem Fettgehalt oder einem Fettersatz zu spröde werden. Daher nimmt man vom Einfetten dieser Rezepte besser Abstand. Einen sehr fettreduzierten Mürbteig für knusprige Tortenböden hat z. B. die Birnentorte (siehe Seite 56)

● Makronenmasse, also Weihnachtsplätzchen, die zum größten Teil aus gemahlenen Mandeln, Nüssen oder auch Marzipan bestehen. Als Alternative bietet sich das fettarme Dattelmakronenrezept an (siehe Seite 94)

Manche Teige lassen sich einfach nicht entfetten, ohne dass sie ihren typischen Geschmack oder ihre charakteristische Konsistenz verlieren würden.

Nicht jeder Teig eignet sich gleichermaßen zum Entfetten. Ein fettarmer Strudel oder Brandteig gelingt nicht. Liebhaber dieser Kuchen können sich jedoch hin und wieder getrost ihrer Leidenschaft hingeben.

Kuchen, die in Backöfen mit Umluftsystem gebacken werden, benötigen niedrigere Temperaturen und kürzere Garzeiten als bei Ober- und Unterhitze.

Backrezepte mit wenig Fett

Kuchen für jeden Tag

In diesem Kapitel finden Sie nur Rezepte, die sich durch eine äußerst einfache und schnelle Zubereitung auszeichnen und deren Zutaten in jedem Supermarkt preiswert zu bekommen sind. Bei den Rezepten, die mit einem Sternchen (*) gekennzeichnet sind, wird zwar mit zusätzlichem Fett gebacken, doch nur mit einer sehr geringen Menge oder mit fettreduzierter Butter oder Margarine.

Saftiger Apfelkuchen

1 Den Backofen auf 160 °C vorheizen. Mehl, Zucker, Backpulver, Lezithin und die Gewürze miteinander vermischen. So viel Apfelsaft hinzufügen, dass der Teig gut durchfeuchtet ist.
2 Die Äpfel schälen, entkernen und das Fruchtfleisch in Würfel schneiden. Mit den Nüssen oder Rosinen unter den Teig heben.
3 Den Teig in eine kleine, gefettete Kastenform füllen und den Apfelkuchen 50 bis

55 Minuten backen. Gegen Ende der Backzeit Stäbchenprobe machen!
4 Den Kuchen für 10 Minuten ruhen lassen, dann aus der Form lösen und auf einem Kuchengitter auskühlen lassen.

Pro Stück
581/139 kJ/kcal • 2 g Eiweiß
1 g Fett • 30 g Kohlenhydrate
2 g Ballaststoffe
2 mg Cholesterin

Tipp Lauwarm mit einer Kugel Vanilleeis serviert, lassen Sie für diesen Kuchen jeden Apfelstrudel links liegen!

Für 16 Stücke

- 400 g Mehl
- 100 g Zucker
- 2 TL Backpulver
- 1 TL Lezithin
- 1 Päckchen Vanillinzucker
- 1 TL Zimt (oder 2 TL Apfelkuchengewürz, siehe Seite 23)
- ca. 200 ml Apfelsaft
- 3 große Äpfel
- 30 g gehackte Walnüsse oder Rosinen (wahlweise)

■ *Zubereitungszeit:
75 Minuten
Arbeitszeit: 20 Minuten*

Paradiesischer Rührkuchen

1 Den Backofen auf 160 °C vorheizen. Mehl mit dem Backpulver vermischen. Die geraspelte Ananas samt Saft sowie die mit einer Gabel zerdrückte Banane und die gehackten Datteln unterrühren.
2 Den Teig in eine kleine, gefettete Springform geben.
3 Kokosflocken und Zucker mischen, über den Kuchenteig streuen. Den Kuchen für 25 bis 30 Minuten backen lassen.
4 Den Kuchen vor dem Servieren für mindestens 20 Minuten auskühlen lassen.

Pro Stück
605/145 kJ/kcal • 2 g Eiweiß
3 g Fett • 28 g Kohlenhydrate
2 g Ballaststoffe
2 mg Cholesterin

Info Ein Kuchen ohne ein Gramm zusätzliches Fett – seine Süße und sein Aroma kommen allein von seinen exotischen Zutaten.

Für 12 Stücke

- 200 g Mehl
- 2^1/$_2$ TL Backpulver
- ca. 350 g geraspelte Ananas samt Saft (= ^{3}/$_4$ einer Dose)
- 1 reife Banane
- 100 g getrocknete Datteln

Zum Bestreuen:
- 2 EL Kokosflocken
- 2 EL brauner Zucker

■ *Zubereitungszeit:*
75 Minuten
Arbeitszeit: 25 Minuten

Kilokuchen

1 Den Backofen auf 180 °C vorheizen.
2 Eier, Magerquark, Zucker, Mehl, Backpulver und Lezithin in eine Rührschüssel geben und alle Zutaten mit den Quirlen des Handrührgeräts zu einer zähen Masse vermengen.
3 Eine kleine Springform dünn einfetten. Den Teig in die Form füllen und auf der Oberfläche mit einer Gabel Linien in den Teig ziehen.
4 Den Kuchen in den vorgeheizten Backofen schieben und etwa 1 Stunde backen.

Pro Stück
827/198 kJ/kcal • 7 g Eiweiß
3 g Fett • 36 g Kohlenhydrate
1 g Ballaststoffe
78 mg Cholesterin

Varianten Mischen Sie 2 Esslöffel entfettetes Kakaopulver unter den Teig, oder stechen Sie Löcher in den fertigen Kuchen, tränken ihn mit Orangensaft und bestreichen ihn mit einem Guss aus Puderzucker und Orangensaft.

Für 12 Stücke

- 4 Eier
- 250 g Magerquark
- 250 g Zucker
- 250 g Mehl
- 1^1/$_2$ TL Backpulver
- 1 TL Lezithin

■ *Zubereitungszeit:*
80 Minuten
Arbeitszeit: 20 Minuten

Für 12 Stücke

- 2 Eier
- 250 g Zucker
- 1 Päckchen Vanillinzucker
- 1 TL Kakaopulver
- 80 g Magerquark
- 1 Glas Sauerkirschen (Abtropfgewicht 350 g)
- 400 g Mehl
- 1 Päckchen Backpulver
- 1 TL Lezithin
- 50 ml Mineralwasser
- 50 ml Kirschsaft
- Puderzucker zum Bestäuben

■ *Zubereitungszeit: 95 Minuten Arbeitszeit: 15 Minuten*

Für 1 Blech (20–24 Stücke)

- 150 g fettreduzierte Butter
- 80 g Magerquark
- 200 g Zucker
- 1 Ei
- 1 Prise Salz
- 500 g Mehl
- 1 Päckchen Backpulver
Für die Quarkmasse:
- 1 kg Magerquark
- 1 Päckchen Saucenpulver Vanille
- 1 Ei
- 150 g Zucker
- 100 g Rosinen

■ *Zubereitungszeit: 70 Minuten Arbeitszeit: 30 Minuten*

Versunkener Kirschkuchen

1 Den Backofen auf 175 °C vorheizen. Eier, Zucker, Vanillinzucker, Kakao und Quark glatt rühren. Die Kirschen abtropfen lassen. Den Saft auffangen.

2 Mehl, Backpulver und Lezithin vermischen und im Wechsel mit Mineralwasser und Kirschsaft zu der Masse geben. Alles zu einem glatten Teig rühren und die abgetropften Kirschen unterheben.

3 Die Teigmasse in eine gefettete Springform (groß oder klein – die Teigmenge eignet sich für beide Formen) füllen und den Kuchen im vorgeheizten Backofen 80 Minuten backen. Stäbchenprobe!

4 Vor dem Servieren den Kuchen mit Puderzucker bestäuben.

Pro Stück

1087/259 kJ/kcal • 6 g Eiweiß
3 g Fett • 53 g Kohlenhydrate
2 g Ballaststoffe
38 mg Cholesterin

Käsekuchen mit Streuseln*

1 Den Backofen auf 175 °C vorheizen. Butter mit dem Quark schaumig rühren, Zucker, Ei und Salz hinzufügen.

2 Mehl und Backpulver mischen und die Hälfte davon unter die Buttermasse rühren. Die andere Hälfte mit den Händen so darunter kneten, dass eine krümelige Masse entsteht.

3 Quark, Saucenpulver, Ei und Zucker miteinander verrühren und die Rosinen unterheben.

4 Die Hälfte der Kuchenstreusel als Boden auf ein mit Backpapier ausgelegtes Kuchenblech drücken. Einen 1 Zentimeter hohen Rand formen. Die Quarkmasse auf den Boden streichen und die restlichen Kuchenstreusel darüber geben.

5 Den Kuchen im vorgeheizten Backofen ca. 40 Minuten backen.

Pro Stück

940/225 kJ/kcal • 10 g Eiweiß
4 g Fett • 38 g Kohlenhydrate
1 g Ballaststoffe
30 mg Cholesterin

Rustikales Bananenbrot

1 Den Backofen auf 170 °C vorheizen. Mehl, Maisgrieß, Backpulver und Gewürz vermischen.
2 Bananen zerdrücken, mit dem Honig und so viel Buttermilch zur Mehlmasse geben, dass beim Rühren ein feuchter, nicht zu flüssiger Teig entsteht.

3 Den Teig in eine gefettete, große Kastenform geben und im vorgeheizten Backofen 80 Minuten backen.

Pro Stück
472/113 kJ/kcal • 3 g Eiweiß
1 g Fett • 24 g Kohlenhydrate
1 g Ballaststoffe
1 mg Cholesterin

Für 22 Stücke
- 300 g Mehl
- 180 g feiner Maisgrieß
- 2 TL Backpulver
- 1/2 TL Muskatnuss (wahlweise Zimt)
- 3 große oder 4 kleine Bananen
- 100 g Honig
- 250 ml Buttermilch

■ *Zubereitungszeit: 90 Minuten Arbeitszeit: 10 Minuten*

Tipp Das leicht süße Brot schmeckt am besten mit etwas Quark, Butter oder Honig bestrichen.

Variante Wer statt Bananenbrot einen -kuchen backen möchte, nimmt 150 Gramm Honig und dafür weniger Buttermilch und hebt unter die Teigmasse entweder 30 Gramm gehackte Wal- oder Haselnüsse, oder aber Trockenfrüchte wie 50 Gramm Rosinen oder gehackte Datteln.

Faule-Mädchen-Kuchen

1 Gelatine laut Packungsangabe in kaltem Wasser einweichen.
2 Die gewaschenen, geputzten Früchte mit dem Zucker und zwei Esslöffeln Wasser kurz aufkochen, die ausgedrückte Gelatine unterrühren.
3 Eine große Kastenform mit Alufolie auskleiden und im Wechsel Früchte und Löffelbiskuits einschichten.

4 Den Kuchen über Nacht in den Kühlschrank stellen und am nächsten Tag auf eine dekorative Platte stürzen. Mit Früchten verzieren.

Pro Stück
419/100 kJ/kcal • 3 g Eiweiß
1 g Fett • 19 g Kohlenhydrate
1 g Ballaststoffe
35 mg Cholesterin

Für 16 Stücke
- 2 Päckchen rote Gelatine
- 1 kg Sommerfrüchte (wie z. B. Erdbeeren, Himbeeren, Johannisbeeren, Kirschen)
- 100 g Zucker
- 200 g Löffelbiskuit

■ *Zubereitungszeit: 30 Minuten Ruhezeit: 12 Stunden*

Für 12 Stücke

- 400 g Mehl
- 140 g Zucker
- $1/2$ Päckchen Backpulver
- 2 TL Zimt
- 150 ml Ahornsirup
- 50 ml Milch
- 5 Eiweiße
- 5 große Äpfel
- 50 g Rosinen
- 50 g Walnüsse

■ *Zubereitungszeit:*
  60 Minuten
  Arbeitszeit: 20 Minuten

Kanadischer Apfelkuchen

1 Den Backofen auf 180 °C vorheizen. Mehl, Zucker, Backpulver und Zimt vermischen.
2 Den Ahornsirup, Milch und Eiweiße hinzugeben und verrühren.
3 Äpfel waschen, entkernen und das Fruchtfleisch würfeln. Mit Rosinen und Walnüssen unter den Teig heben.

4 Teig in eine gefettete Springform füllen und den Kuchen im vorgeheizten Backofen für 35 bis 40 Minuten backen.

Pro Stück

1152/275 kJ/kcal • 6 g Eiweiß
4 g Fett • 53 g Kohlenhydrate
3 g Ballaststoffe
3 mg Cholesterin

Tipp Sie können diesen Kuchen entweder mit etwas Puderzucker bestäuben oder mit etwas erwärmter Aprikosenmarmelade glasieren.

Schokoladenkranzkuchen

1 Den Backofen auf 180 °C vorheizen. Mehl, Zucker, Vanillinzucker, Kakao und Backpulver in einer Schüssel vermischen.
2 Die Buttermilch dazugeben und zu einem geschmeidigen Teig rühren.
3 Die Masse in eine kleine Kranzform füllen und den Schokoladenkuchen im vorgeheizten Backofen ca. 50 Minuten backen. Stäbchenprobe!

Pro Stück

488/117 kJ/kcal • 3 g Eiweiß
1 g Fett • 23 g Kohlenhydrate
2 g Ballaststoffe
1 mg Cholesterin

Für 20 Stücke

- 300 g Vollkornmehl
- 250 g Zucker
- 1 Päckchen Vanillinzucker
- 50 g Kakaopulver
- 3 TL Backpulver
- 500 ml Buttermilch

■ *Zubereitungszeit:*
  60 Minuten
  Arbeitszeit: 10 Minuten

Varianten Dieser Kuchen ist ein Verwandlungskünstler:
● Sie können ihn pur genießen, mit einem farbigen Zuckerguss verzieren oder quer durchschneiden und mit einer Pudding-Quark-Masse füllen.
● Oder schneiden Sie Scheiben davon ab, und setzen Sie je 1 Kugel fettarmes Vanilleeis darauf.

Honigbrot mit Kürbis und Aprikosen

1 Den Backofen auf 180 °C vorheizen. Die getrockneten Aprikosen in etwas warmem Wasser einweichen. Nach etwa 5 Minuten die Flüssigkeit abgießen und die Früchte würfeln.
2 Milch und Honig in einem Topf erwärmen, bis sich der Honig gelöst hat.
3 Mehl, Backpulver, Gewürze und Kürbismus in einer Schüssel mischen. Aprikosenwürfel hinzugeben und so viel Honigmilch unterrühren, dass ein geschmeidiger Teig entsteht.
4 Den Teig in eine gefettete, große Kastenform geben und das Honigbrot im vorgeheizten Backofen ca. 80 Minuten backen. Stäbchenprobe!

Pro Stück
850/203 kJ/kcal • 5 g Eiweiß
1 g Fett • 43 g Kohlenhydrate
3 g Ballaststoffe
2 mg Cholesterin

Info Das Honigbrot schmeckt am besten, wenn Sie es vor dem Anschneiden 1 Tag in Alufolie kühl aufbewahren und durchziehen lassen.

Für 20 Stücke

- 200 g getrocknete Aprikosen
- 250 ml fettarme Milch
- 250 g Honig
- 750 g Mehl
- 1 Päckchen Backpulver
- 1 TL Zimt
- je 1 Prise geriebene Muskatnuss, Nelke und Ingwer
- 300 g Kürbismus

■ *Zubereitungszeit:*
100 Minuten
Arbeitszeit: 20 Minuten

Müsli-Familienkuchen

1 Den Backofen auf 180° C vorheizen. Müsli, Hafer- und Weizenkleie, Backpulver und Zucker in einer Schüssel vermischen.
2 Das Apfelmus, die Eiweiße und so viel Orangensaft unterrühren, dass ein geschmeidiger Teig entsteht.
3 Die Teigmasse in je eine große und eine kleine Kastenform füllen und die Müslibrote im vorgeheizten Backofen 60 bis 70 Minuten backen. Stäbchenprobe!

Pro Stück
384/91 kJ/kcal • 3 g Eiweiß
1 g Fett • 17 g Kohlenhydrate
4 g Ballaststoffe
1 mg Cholesterin

Für 30 Stücke

- 400 g fettarmes Früchtemüsli
- 100 g Haferkleie
- 100 g Weizenkleie
- 1/2 Päckchen Backpulver
- 100 g Zucker
- 400 g Apfelmus
- 3 Eiweiße
- 250 ml Orangensaft

■ *Zubereitungszeit:*
80 Minuten
Arbeitszeit: 10 Minuten

Tipp Sie können diesen Kuchen nach Belieben mit Zimt und/oder Vanillinzucker aromatisieren.

Für 12 Stücke

- 200 g Mehl
- 80 g Zucker
- 2 TL Backpulver
- 1/4 TL Muskatnuss
- 50 g Haselnüsse (wahlweise)
- 3 große Bananen
- 80 ml Schokoladensauce (Fertigprodukt mit max. 10 % Fett)
- 2 Eiweiße

■ *Zubereitungszeit: 55 Minuten Arbeitszeit: 15 Minuten*

Schoko-Nuss-Bananen-Kuchen

1 Den Backofen auf 180 °C vorheizen. Mehl, Zucker, Backpulver und Muskatnuss mischen. Die Nüsse fein hacken.

2 Die pürierten Bananen, Schokoladensauce und Eiweiße unterrühren, bis ein gleichmäßiger, nicht zu flüssiger Teig entsteht. Haselnüsse unterheben.

3 Die Teigmasse in eine kleine, gefettete Kastenform füllen und den Kuchen im vorgeheizten Backofen ca. 40 Minuten backen. Kurz vor Ende der Backzeit die Stäbchenprobe machen!

Pro Stück

564/135 kJ/kcal • 3 g Eiweiß
1 g Fett • 27 g Kohlenhydrate
1 g Ballaststoffe
8 mg Cholesterin

Für 16 Stücke

- 100 g Kokosflocken
- 200 ml Milch
- 250 g Mehl
- 3 TL Backpulver
- 100 g Zucker
- 1 TL Lezithin
- 2 Eiweiße
- 1 EL Rum

Für den Guss:
- 50 g Puderzucker
- 1 EL Rum (wahlweise Milch oder Ananassaft)
- 1 EL Kokosflocken

■ *Zubereitungszeit: 75 Minuten Arbeitszeit: 15 Minuten*

Kokosnusskuchen

1 Den Backofen auf 180 °C vorheizen. Kokosflocken in die Milch geben und einige Minuten quellen lassen.

2 Mehl, Backpulver, Zucker und Lezithin in einer Schüssel miteinander vermischen.

3 Kokosmasse, Eiweiße und Rum hinzugeben und alles zu einem gleichmäßigen Teig rühren.

4 Den Teig in eine kleine, gefettete Kastenform füllen und den Kokoskuchen im vorgeheizten Backofen 55 bis 60 Minuten backen. Stäbchenprobe!

5 Für den Guss den Puderzucker mit der Flüssigkeit glatt rühren, den abgekühlten Kuchen damit bestreichen und zum Schluss den Kuchen mit den Kokosstreuseln verzieren.

Pro Stück

635/152 kJ/kcal • 3 g Eiweiß
5 g Fett • 22 g Kohlenhydrate
2 g Ballaststoffe
3 mg Cholesterin

Info Wie alle Nüsse enthalten auch Kokosnüsse relativ viel Fett. Kokosraspel schlagen mit 60 Gramm Fett pro 100 Gramm zu Buche! Der Kuchen ist dennoch relativ fettarm, da auf alle anderen Fette verzichtet wird.

Bei der Verwendung von Fruchtmus anstelle von Butter oder Margarine kann viel Fett gespart werden. Ganz nebenbei wird der Kuchen zudem sehr saftig und fruchtig.

Ananasrührkuchen

1 Den Backofen auf 180 °C vorheizen. Mehl, Backpulver, Zucker, Vanillinzucker, Lezithin und den Rum miteinander mischen.

2 Eiweiße, Ananasraspel und -saft dazugeben und zu einem nicht zu flüssigen Teig verrühren. Wahlweise gehackte Walnüsse unterheben.

3 Den Teig in eine kleine Kastenform füllen und im vorgeheizten Backofen 55 bis 60 Minuten backen. Stäbchenprobe!

4 Puderzucker mit Ananasraspel und -saft zu einer dickflüssigen Glasur verrühren. Den Guss nach Wunsch mit Lebensmittelfarbe einfärben. Den abgekühlten Kuchen mit dem Guss überziehen und mit kandierter Ananas verzieren.

Pro Stück

572/137 kJ/kcal • 3 g Eiweiß
0 g Fett • 30 g Kohlenhydrate
1 g Ballaststoffe
0 mg Cholesterin

Für 16 Stücke

- 350 g Mehl
- 3 TL Backpulver
- 100 g Zucker
- 1 Päckchen Vanillinzucker
- 1 TL Lezithin
- 1 EL Rum
- 2 Eiweiße
- 300 g geraspelte Ananas inkl. Saft (abgewogen aus einer 440 g Dose)
- 30 g gehackte Walnüsse

Für den Guss:

- 50 g Puderzucker
- 1½ EL geraspelte Ananas inkl. Saft
- 2 Tropfen gelbe Lebensmittelfarbe (wahlweise)
- einige Stückchen kandierte Ananas

■ *Zubereitungszeit: 80 Minuten*
Arbeitszeit: 20 Minuten

Für 20 Stücke

- 1 kg Mehl
- 150 g Zucker
- 1¹/₂ Päckchen Trockenhefe
- ¹/₂ l Milch (1,5 % Fett)
- 1 Ei
- ¹/₂ TL Zitronensaft
- 1 Eigelb
- 1 EL Mandelblättchen

■ *Zubereitungszeit:*
  90 Minuten
  Arbeitszeit: 20 Minuten

Schwäbischer Hefezopf

1 Zur Zubereitung eines Hefeteigs Mehl, Zucker und Trockenhefe gut miteinander vermischen.

2 Milch, Ei und Zitronensaft hinzufügen und alles für ca. 10 Minuten mit der Hand oder mit den Knethaken der Küchenmaschine durchkneten, damit viel Luft in die Teigmasse gelangt.

3 Den Teig zugedeckt für 1¹/₂ Stunden an einem warmen, zugfreien Ort gehen lassen. Danach den Teig nochmals kräftig durchkneten.

4 Den Teig in 3 Teile teilen, diese zu Strängen rollen und einen Zopf flechten. Auf dem Backblech weitere 10 Minuten gehen lassen.

5 Den Hefezopf dünn mit Eigelb bestreichen, auf Wunsch mit den Mandelblättchen bestreuen und bei 170 °C für ca. 40 Minuten backen.

Pro Stück

908/217 kJ/kcal • 6 g Eiweiß
2 g Fett • 44 g Kohlenhydrate
2 g Ballaststoffe
25 mg Cholesterin

Info Achtung! Die lange Ruhezeit ist unbedingt nötig, wenn der Teig entsprechend aufgehen soll.

Beerengratin*

1 Den Backofen auf 180 °C vorheizen. Mehl, Zucker und Backpulver miteinander mischen. Ei und Butter dazugeben und alles zu Streuseln verkneten.

2 Die Beeren putzen, waschen, trocknen und in eine gefettete Auflaufform geben. Streusel darauf verteilen.

3 Das Beerengratin im vorgeheizten Backofen ca. 10 Minuten backen.

Pro Portion

1347/322 kJ/kcal • 5 g Eiweiß
7 g Fett • 58 g Kohlenhydrate
4 g Ballaststoffe
53 mg Cholesterin

Für 6 Portionen

- 150 g Mehl
- 200 g Zucker
- 1 TL Backpulver
- 1 Ei
- 4 EL fettreduzierte Butter
- 600 g Brombeeren oder Stachelbeeren

■ *Zubereitungszeit:*
  30 Minuten
  Arbeitszeit: 20 Minuten

Info Das Gratin sofort servieren, weil es sonst durchweicht.

Exotischer Teekuchen mit Früchten

1 Mehl, Zucker, Backpulver und Lezithin in einer Schüssel miteinander verrühren. Das Apfelmus, die beiden Eiweiße, die Rosinen und die klein geschnittenen Trockenfrüchte sowie wahlweise die Walnüsse dazugeben und alles zu einer gleichmäßigen Masse rühren.

2 Den Teig in eine gefettete, kleine Kastenform füllen und den Kuchen bei 160 °C für 45 bis 50 Minuten backen, bis bei der Stäbchenprobe kein Teig mehr hängen bleibt.

3 Den Kuchen 10 Minuten in der Form ruhen lassen, dann auf dem Kuchengitter vollständig auskühlen lassen.

4 Den Kuchen in Alufolie wickeln und 1 Nacht lang durchziehen lassen, damit sich das exotische Aroma seiner Zutaten voll entfalten kann.

Pro Stück

389/93 kJ/kcal • 2 g Eiweiß
1 g Fett • 19 g Kohlenhydrate
1 g Ballaststoffe
1 mg Cholesterin

Tipp Im Winter schmeckt dieser Kuchen gut zu einer Tasse Darjeeling-Tee und bringt einen Hauch von Sommer zurück.

Für 20 Stücke

- 200 g Mehl
- 100 g Zucker
- 1 TL Backpulver
- 1 TL Lezithin
- 100 g Apfelmus
- 2 Eiweiße
- 100 g Rosinen
- 100 g Tropic-Mix-Trockenfrüchtemischung (im Reformhaus erhältlich)
- 30 g Walnüsse

■ *Zubereitungszeit:*
60 Minuten
Arbeitszeit: 10 Minuten

Apfeltarte aus der Provence

1 Den Backofen auf 200 °C vorheizen. Quark, Milch, Öl, Zucker und Salz gut miteinander verrühren. Das mit dem Backpulver gemischte Mehl dazugeben und die Masse kräftig durchkneten.

2 Den Teig in einer gefetteten Springform ausrollen und einen Rand hoch ziehen.

3 Die geschälten und in Scheiben geschnittenen Äpfel schuppenförmig von innen nach

außen auf den Boden geben. Mit Zimt, Zucker und Rosinen bestreuen.

4 Die Tarte im vorgeheizten Backofen 15 bis 25 Minuten backen.

Pro Stück

829/198 kJ/kcal • 5 g Eiweiß
4 g Fett • 36 g Kohlenhydrate
3 g Ballaststoffe
4 mg Cholesterin

Für 12 Stücke

Für den Teig:
- 170 g Magerquark
- 9 EL fettarme Milch
- 2 EL Sonnenblumenöl
- 80 g Zucker
- 1 Prise Salz
- 1 Päckchen Backpulver
- 300 g Mehl
Für den Belag:
- 1 kg Äpfel
- 1 TL Zimt
- 2 TL brauner Zucker
- 2 EL Rosinen

■ *Zubereitungszeit:*
60 Minuten
Arbeitszeit: 35 Minuten

Für 16 Stücke

- 350 g Mehl
- 1 Päckchen Backpulver
- 200 g Zucker
- 1 Päckchen Vanillinzucker
- 4 gehäufte EL Kakaopulver
- 1 Prise Salz
- 150 g Pflaumenpüree
- ca. 200 Milliliter starker, abgekühlter Kaffee
- 30 g Walnüsse
- Puderzucker

■ *Zubereitungszeit: 35 Minuten Arbeitszeit: 10 Minuten*

Mokkakuchen

1 Den Backofen auf 175 °C vorheizen. Mehl, Backpulver, Zucker, Vanillinzucker, Kakao und eine Prise Salz in einer großen Schüssel gut durchmischen.
2 Das Pflaumenpüree und so viel Kaffee hinzugeben, dass ein lockerer, gut durchfeuchteter Teig entsteht. Die gehackten Walnüsse unter den Teig rühren.
3 Den Teig in eine gefettete viereckige Form geben und den

Mokkakuchen im vorgeheizten Backofen 25 Minuten backen.
4 Den Kuchen in der Form abkühlen lassen, mit Puderzucker bestäuben und in Scheiben schneiden.

Pro Stück
613/146 kJ/kcal • 3 g Eiweiß
1 g Fett • 30 g Kohlenhydrate
2 g Ballaststoffe
2 mg Cholesterin

Variante Statt des Pflaumenpürees können Sie auch drei große, sehr reife, zerdrückte Bananen verwenden.

Zimt-Walnuss-Kuchen

Für 12 Stücke

- 200 g Mehl
- 3 TL Backpulver
- 110 g brauner Zucker
- 2 Eiweiße
- 1 Päckchen Vanillinzucker
- 140 g Apfelmus mit Apfelstücken

Zum Bestreuen:
- 12 Walnusshälften
- 3 TL brauner Zucker
- 1/2 TL Zimt

■ *Zubereitungszeit: 35 Minuten Arbeitszeit: 10 Minuten*

1 Den Backofen auf 180 °C vorheizen. Mehl, Backpulver und Zucker in einer Schüssel gut miteinander mischen. Die beiden Eiweiße, Vanillinzucker und so viel Apfelmus dazugeben, dass beim Rühren ein gleichmäßiger, nicht zu flüssiger Teig entsteht.
2 Die Teigmasse in eine kleine, gefettete Springform füllen, die Walnusshälften auf den äußeren Kuchenrand verteilen.

3 Zimt und Zucker miteinander vermischen und den Kuchen damit bestreuen.
4 Den Zimt-Walnuss-Kuchen im vorgeheizten Backofen 25 Minuten backen. Stäbchenprobe!

Pro Stück
548/131 kJ/kcal • 3 g Eiweiß
2 g Fett • 25 g Kohlenhydrate
1 g Ballaststoffe
2 mg Cholesterin

Info Fix ohne Fett: Dieser Kuchen ist inklusive Backzeit in nur einer halben Stunde fertig zubereitet!

Marmorkuchen

1 Den Backofen auf 180 °C vorheizen. Mehl, Kleie, Zucker, Lezithin und Backpulver miteinander vermischen. Eiweiße und 250 Milliliter Buttermilch unterrühren, bis ein zäher Teig entsteht.

2 Den Teig in zwei gleich große Portionen teilen und in die eine Hälfte die Schokoladensauce und den Kakao, in die andere Hälfte den Rest der Buttermilch rühren.

3 Die beiden Teige im Wechsel in eine ausgefettete, große Kranzform geben. Wer möchte, kann eine Gabel spiralförmig von oben nach unten durch den Teig ziehen, damit der klassische Marmoreffekt entsteht.

4 Den Marmorkuchen im vorgeheizten Backofen ca. 45 Minuten backen. Stäbchenprobe!

Pro Stück

507/121 kJ/kcal • 3 g Eiweiß
2 g Fett • 23 g Kohlenhydrate
2 g Ballaststoffe
3 mg Cholesterin

Für 24 Stücke

- 400 g Mehl
- 100 g Haferkleie
- 200 g Zucker
- 3 TL Lezithin
- 1 Päckchen Backpulver
- 2 Eiweiße
- 300 ml Buttermilch
- 50 ml Schokoladensauce (Fertigprodukt, max. 10 % Fett)
- 2 EL Kakaopulver

■ *Zubereitungszeit: 60 Minuten Arbeitszeit: 15 Minuten*

Feiner Teekuchen

1 Den Backofen auf 180 °C vorheizen. Mehl, Backpulver, Salz und Zucker in einer Schüssel gut miteinander mischen.

2 Nüsse, Pflaumenpüree, mit der Gabel zerdrückte Bananen, Ei und Eiweiß dazugeben und zu einem Teig rühren.

3 Die Teigmasse in eine gefettete, kleine Kastenform füllen und den Teekuchen im vorgeheizten Backofen 70 bis 80 Minuten backen. Kurz vor Ende der Backzeit Stäbchenprobe!

Pro Stück

657/157 kJ/kcal • 3 g Eiweiß
3 g Fett • 28 g Kohlenhydrate
2 g Ballaststoffe
17 mg Cholesterin

Tipp Das Aroma dieses gehaltvollen Kuchens kommt direkt nach dem Backen noch nicht zum Ausdruck. Es kann sich am besten entfalten, wenn Sie ihn nach dem Erkalten in Folie einschlagen und erst am nächsten Tag servieren.

Für 14 Stücke

- 230 g Mehl
- 4 TL Backpulver
- 1 Prise Salz
- 120 g brauner Zucker
- 50 g geröstete und gehackte Haselnüsse
- 150 g Pflaumenpüree
- 3 große Bananen
- 1 Ei
- 1 Eiweiß

■ *Zubereitungszeit: 95 Minuten Arbeitszeit: 15 Minuten*

Für 20 Stücke

- 500 g Mehl
- 1 EL Salz
- 1 Würfel frische Hefe
- 50 ml warmes Wasser
- 3 EL Honig
- 1/2 TL geriebene Muskatnuss
- 1 TL Ingwer
- 1 TL Zimt
- 1 TL Lezithin
- 300 g Kürbismus
- 2 EL Kürbiskerne oder Rosinen

■ *Zubereitungszeit:*
95 Minuten
Arbeitszeit: 15 Minuten

Kürbisbrot mit Gewürzen

1 Den Backofen auf 180 °C vorheizen. Mehl mit Salz mischen.
2 Die Hefe im lauwarmen Wasser auflösen und den Honig unterrühren. Einige Löffel Mehl dazugeben und zu einem Vorteig verkneten. Den Teig abdecken und für 15 Minuten an einem warmen Ort gehen lassen.
3 Die Gewürze, Lezithin und Kürbismus nach und nach unter den Vorteig mischen, bis eine geschmeidige Masse entsteht. Den Teig ausgiebig durchkneten und erneut für mindestens 30 Minuten gehen lassen.
4 Wahlweise Kürbiskerne oder Rosinen unterkneten und den Teig in zwei kleine Kastenformen füllen.
5 Die Kürbisbrote im vorgeheizten Backofen ca. 45 Minuten backen. Stäbchenprobe!

Pro Stück

468/112 kJ/kcal • 3 g Eiweiß
1 g Fett • 21 g Kohlenhydrate
1 g Ballaststoffe
0 mg Cholesterin

Info Dieses Brot schmeckt leicht süßlich und ist hervorragend für süße Beläge wie Früchtequark und Marmelade oder auch für Butter geeignet.

Für 20 Stücke

- 2 Eigelbe
- 150 g Honig
- 3 EL Rum
- 1 Prise Salz
- 1/2 TL geriebene Muskatnuss
- 1 TL Zimt
- 50 g Haselnüsse
- 200 g Kürbis
- 150 g Mehl
- 1 TL Backpulver
- 2 Eiweiße

■ *Zubereitungszeit:*
95 Minuten
Arbeitszeit: 25 Minuten

Kürbis-Nuss-Kuchen

1 Den Backofen auf 180 °C vorheizen. Die Eigelbe mit Honig, Rum und den Gewürzen cremig schlagen. Die Nüsse mahlen, und das Kürbisfleisch raspeln.
2 Mehl und Backpulver vermischen, Haselnüsse und Kürbisraspel dazugeben und mit der Eigelbmasse verrühren.
3 Eiweiße zu steifem Schnee schlagen und unterheben.
4 Den Teig in eine gefettete Kastenform füllen und den Kürbiskuchen im vorgeheizten Backofen 60 bis 70 Minuten backen. Stäbchenprobe!

Pro Stück

341/81 kJ/kcal • 2 g Eiweiß
3 g Fett • 12 g Kohlenhydrate
1 g Ballaststoffe
26 mg Cholesterin

Frühstücksbrot

1 Den Backofen auf 180 °C vorheizen. Kleie im Orangensaft quellen lassen. Mehl, Backpulver und Zucker mischen.
2 Die Kleie und so viel Joghurt hinzugeben, dass ein nicht zu fester Teig entsteht. Die Trockenfrüchte würfeln und unter den Teig rühren.
3 Die Masse in eine kleine, gefettete Kastenform füllen und das Frühstücksbrot im vorgeheizten Backofen etwa 50 Minuten backen, bis es leicht braun wird. Gegen Ende der Backzeit die Stäbchenprobe machen!

Pro Stück
495/118 kJ/kcal • 3 g Eiweiß
1 g Fett • 23 g Kohlenhydrate
4 g Ballaststoffe
0 mg Cholesterin

Tipp Gehören Sie zu den Leuten, bei denen es morgens flink gehen muss? Dann ist dieses Brot genau das Richtige! Schneiden Sie einfach eine Scheibe ab, und genießen Sie den fruchtigen Vollkorngeschmack pur mit einer Tasse Tee oder Milchkaffee – schon haben Sie ein vollwertiges Frühstück.

Für 16 Stücke
- 60 g Weizenkleie
- 60 g Haferkleie
- 200 ml Orangensaft
- 100 g Vollkornmehl
- 3 TL Backpulver
- 100 g Zucker
- 200 ml Magerjoghurt
- 150 g getrocknete Aprikosen
- 150 g getrocknete Pflaumen

■ *Zubereitungszeit:*
70 Minuten
Arbeitszeit: 20 Minuten

Rosinenlaib

1 Den Backofen auf 180 °C vorheizen. Die Rosinen mit Rum mischen und ziehen lassen.
2 Mehl mit Zucker in einer Schüssel mischen, in die Mitte eine Vertiefung drücken. Die zerbröckelte Hefe hineingeben und mit der Milch und einem Teil des Mehls zu einem Vorteig rühren. Zugedeckt für ca. 15 Minuten gehen lassen.
3 Salz und Eier dazugeben. Mit dem restlichen Mehl zu einem Teig kneten, bis er Blasen wirft. Rosinen unterheben.
4 Den Teig in eine gefettete Kastenform füllen und den Rosinenlaib im vorgeheizten Backofen ca. 50 Minuten backen. Stäbchenprobe!

Pro Stück
544/130 kJ/kcal • 4 g Eiweiß
2 g Fett • 24 g Kohlenhydrate
1 g Ballaststoffe
24 mg Cholesterin

Für 20 Stücke
- 100 g Rosinen
- 2 EL Rum
- 500 g Mehl
- 50 g Zucker
- 1 Würfel frische Hefe
- 200 ml lauwarme Milch
- 1 Prise Salz
- 2 Eier

■ *Zubereitungszeit:*
85 Minuten
Arbeitszeit: 20 Minuten

Für 16 Stücke

- 450 g Vollkornweizenmehl
- 1 Päckchen Backpulver
- 300 g brauner Zucker
- 1 Päckchen Vanillinzucker
- 2 TL Zimt
- 4 mittelgroße Möhren
- 4 Eiweiße
- 120 ml Apfel- oder
  Orangensaft
- 30 g Walnüsse
Für den Guss (wahlweise):
- 3 EL Puderzucker
- 1 EL Orangensaft

■ *Zubereitungszeit:*
  70 Minuten
  Arbeitszeit: 20 Minuten

Zimt-Ruebli-Kuchen

1 Den Backofen auf 180 °C vorheizen. Mehl, Backpulver, Zucker, Vanillinzucker und Zimt miteinander vermischen. Die Möhren waschen, schälen und raspeln. Eiweiße, Saft und Möhren dazugeben und zu einem glatten Teig rühren. Die Walnüsse hacken und unterheben.
2 Die Teigmasse in eine gefettete, kleine Kastenform füllen und den Rueblikuchen im vorgeheizten Backofen 50 Minuten backen. Stäbchenprobe!
3 Nach Wahl aus Puderzucker und Saft eine Glasur rühren und den abgekühlten Kuchen damit bestreichen.

Pro Stück
814/194 kJ/kcal • 5 g Eiweiß
2 g Fett • 38 g Kohlenhydrate
4 g Ballaststoffe
2 mg Cholesterin

Info Der Zimt-Ruebli-Kuchen wird etwas feuchter, wenn Sie ihn einige Tage aufbewahren. Fruchtsaft und geraspelte Möhren geben ihm die nötige Saftigkeit.

Kalifornisches Orangenbrot

1 Den Backofen auf 160 °C vorheizen. Mehl, Backpulver, Zucker, Vanillinzucker und den gemahlenen Mohn in einer Schüssel gut miteinander vermischen. So viel Orangensaft hinzufügen, bis der Teig angefeuchtet ist.
2 Die Teigmasse in eine kleine, gefettete Kastenform geben und das Orangenbrot 45 bis 50 Minuten backen. Stäbchenprobe!
3 Vor dem Servieren das Brot vollständig auskühlen lassen.

Pro Stück
440/105 kJ/kcal • 2 g Eiweiß
1 g Fett • 21 g Kohlenhydrate
1 g Ballaststoffe
2 mg Cholesterin

Für 16 Stücke

- 300 g Mehl
- 1¹/₂ TL Backpulver
- 100 g Zucker
- 1 TL Vanillinzucker
- 2 EL Mohn
- ca. 200 ml Orangensaft

■ *Zubereitungszeit:*
  60 Minuten
  Arbeitszeit: 15 Minuten

Tipp Dieses Brot eignet sich wunderbar für einen Sonntagsbrunch: dick mit Marmelade bestrichen, mit einer Frischkäsecreme oder einfach pur zum Genießen für zwischendurch.

Möhren-Orangen-Kuchen

1 Den Backofen auf 160 °C vorheizen. Mehl, Backpulver, Zucker und den Rum vermischen. Eiweiße und so viel Orangensaft hinzufügen, dass der Teig angefeuchtet ist. Möhren reiben, Trockenfrüchte hacken und alles unterrühren.
2 Nach Wahl die Teigmasse mit Zucker und Kokosraspel bestreuen – dies verleiht dem Kuchen eine zuckrige Kruste.

3 Den Möhren-Orangen-Kuchen in einer kleinen, ausgefetteten Springform im vorgeheizten Backofen 25 bis 30 Minuten goldbraun backen. Stäbchenprobe!

Pro Stück

516/123 kJ/kcal • 3 g Eiweiß
1 g Fett • 26 g Kohlenhydrate
2 g Ballaststoffe
2 mg Cholesterin

Tipps Sie können statt der Springform auch eine kleine Kastenform nehmen. Dann erhöht sich die Backzeit jedoch auf 40 bis 45 Minuten bei gleicher Temperatur. Stäbchenprobe!
● Durch die Datteln ist der Kuchen sehr süß. Wer es weniger süß mag, reduziert die Datteln und nimmt dafür mehr Aprikosen.
● Trockenfrüchte und Möhren können in gerührten Kuchen die gemahlenen Nüsse mit ihrem hohen Fettgehalt ersetzen.

Für 16 Stücke

- 300 g Mehl
- 1 Päckchen Backpulver
- 100 g brauner Zucker
- 1 EL Rum
- 2 Eiweiße
- 125 ml Orangensaft
- 150 g Möhren
  (ca. 4 Stück)
- 100 g Aprikosen
- 100 g Rosinen
  oder Datteln
Zum Bestreuen (wahlweise):
- 2 EL brauner Zucker
- 1 EL Kokosraspel

■ *Zubereitungszeit:*
55 Minuten
Arbeitszeit: 25 Minuten

Würziger Apfelkuchen

1 Den Backofen auf 180 °C vorheizen. Mehl, Backpulver, Zucker und Gewürze mischen. Eiweiß, Apfelmus und Buttermilch unterrühren, bis ein nicht zu flüssiger Teig entsteht. Apfel waschen, schälen, würfeln und unter den Teig geben.
2 Den Teig in eine kleine, gefettete Springform geben. Walnüsse

und Zucker darüber streuen. Den Kuchen im vorgeheizten Backofen ca. 25 Minuten backen. Stäbchenprobe!

Pro Stück

782/187 kJ/kcal • 5 g Eiweiß
4 g Fett • 31 g Kohlenhydrate
2 g Ballaststoffe
4 mg Cholesterin

Für 12 Stücke

- 250 g Mehl
- 2 TL Backpulver
- 110 g brauner Zucker
- 1/2 TL Nelkenpulver
- 1 TL Zimt
- 1 Eiweiß
- 130 g Apfelmus
- 3/4 l Buttermilch 500 ml
- 1 großer Apfel
Zum Bestreuen:
- 4 EL gehackte Walnüsse
- 1 EL brauner Zucker

■ *Zubereitungszeit:*
45 Minuten
Arbeitszeit: 20 Minuten

Das Müslibrot schmeckt am besten frisch aus dem Backofen. Wer möchte, kann es mit Obstquark genießen, zubereitet aus Quark, Milch, Zitronensaft, frischen Früchten und Zucker nach Belieben.

Müslibrot

Für 16 Stücke

- 150 g fettarmes Früchtemüsli
- ca. 320 ml Milch
- 1 Ei
- 200 g Mehl
- 1 EL Backpulver
- 1 Messerspitze Salz
- 80 g brauner Zucker
- ¹/₂ TL Zimt

- **Zubereitungszeit: 75 Minuten
Arbeitszeit: 15 Minuten**

1 Den Backofen auf 180 °C vorheizen. Müsli mit Milch und Ei in eine Schüssel geben und für 5 Minuten quellen lassen.

2 Mehl, Backpulver, Salz, Zucker und Zimt vermischen.

3 Nach und nach die Müslimischung unter die Mehlmischung rühren, bis ein gleichmäßiger, nicht zu flüssiger Teig entsteht.

4 Die Teigmasse in eine gefettete, kleine Kastenform füllen und das Müslibrot im vorgeheizten Backofen 50 bis 60 Minuten backen.

Pro Stück

484/115 kJ/kcal • 3 g Eiweiß
2 g Fett • 21 g Kohlenhydrate
1 g Ballaststoffe
18 mg Cholesterin

Info Müslibrot ist bei Kindern ein beliebter Pausensnack, der Energie liefert, ohne den Organismus durch Fett zu belasten.

Sonntagskuchen und Torten

In diesem Kapitel finden Sie Backideen, die zwar nicht gerade kompliziert sind, für die Sie jedoch ein wenig mehr Zeit und Muße haben sollten als für die Blitzkuchen im vorigen Kapitel. Doch kann es etwas Schöneres geben, als die Familie und Freunde an einem Sonntagnachmittag mit einer prächtigen Torte zu verwöhnen – und dabei zu wissen, dass der süße Genuss ohne Folgen auf der Waage bleiben wird?

Quarktorte ohne Boden

1 Eigelb, Zucker, Vanillinzucker und Zitronenaroma gut schaumig rühren. Magerquark und Rum unterrühren. Grieß und Backpulver mischen und beides unter die Teigmasse heben.
2 Die Eiweiße steif schlagen und den Eischnee unter die Teigmasse heben.

3 Den Teig in eine gefettete Springform füllen und die Torte bei 150 °C für etwa 90 Minuten backen.

Pro Stück
726/173 kJ/kcal • 15 g Eiweiß
3 g Fett • 20 g Kohlenhydrate
0 g Ballaststoffe
87 mg Cholesterin

Für 12 Stücke

- 4 Eigelbe
- 160 g Zucker
- 1 EL Vanillinzucker
- 1 TL Zitronenaroma
- 1 kg Magerquark
- 2 EL Rum
- 5 EL Grieß
- 1 TL Backpulver
- 6 Eiweiße

■ *Zubereitungszeit:
110 Minuten
Arbeitszeit: 20 Minuten*

Apfelkuchen in Kranzform

1 Mehl, Backpulver, Lezithin und Zimt in einer Schüssel gut miteinander mischen. Apfelmus und die Eiweiße hinzugeben und alles zu einem gleichmäßigen Teig rühren. Äpfel würfeln. Mit den Rosinen unterheben.
2 Die Teigmasse in eine kleine, gefettete Kranzkuchenform füllen und den Kuchen bei

180 °C für etwa 40 Minuten backen.
3 Den ausgekühlten Kuchen mit Puderzucker bestreuen.

Pro Stück
569/136 kJ/kcal • 3 g Eiweiß
1 g Fett • 29 g Kohlenhydrate
2 g Ballaststoffe
1 mg Cholesterin

Für 20 Stücke

- 400 g Mehl
- 3 TL Backpulver
- 1 TL Lezithin
- 2 TL Zimt
- 500 g Apfelmus
- 2 Eiweiße
- 300 g Äpfel
- 100 g Rosinen
- 100 g Puderzucker

■ *Zubereitungszeit:
65 Minuten
Arbeitszeit: 25 Minuten*

Für 12 Stücke

- 150 g Mehl
- 1/2 Päckchen Backpulver
- 1 Päckchen Vanillinzucker
- 50 g fettreduzierte Margarine
- 2 Eier
- 550 g Magerquark
- 1/2 l Milch
- 100 g Zucker
- 1 Päckchen Vanillepudding-pulver
- Saft von 1/2 Zitrone
- 1 große Dose Birnen

■ *Zubereitungszeit:*
145 Minuten
Arbeitszeit: 55 Minuten

Für 12 Stücke

- 250 g Mehl
- 160 g Zucker
- 200 ml Milch
- 1/2 TL Backpulver
- 1 TL Zitronensaft
- 1 Eigelb
- 750 g Magerquark
- 1 Päckchen Vanillepudding-pulver
- 2 Eiweiße
- 750 g Früchte nach Wahl
  (z. B. Rhabarber, Aprikosen)

■ *Zubereitungszeit:*
140 Minuten
Arbeitszeit: 40 Minuten

Birnentorte*

1 Mehl, Backpulver und Vanillinzucker mischen. Die in Stücke geschnittene, kalte Margarine, 1 Ei und 50 Gramm Quark hinzugeben und daraus einen Mürbteig kneten. Den Teig für 30 Minuten kühlen.

2 Den Teig in eine gefettete, große Springform rollen und einen 2 Zentimeter hohen Rand hoch ziehen.

3 Den Backofen auf 180 °C vorheizen. Aus der Milch und 2 Esslöffeln des Zuckers laut Packungsangabe den Vanillepudding kochen. Unter Rühren abkühlen lassen. Restlichen Quark, Zitronensaft, das zweite Ei und den restlichen Zucker unter den Pudding rühren.

4 Birnen abtropfen lassen, den Tortenboden damit belegen und die Puddingmasse darüber geben. Die Torte im vorgeheizten Backofen ca. 60 Minuten backen. Stäbchenprobe!

Pro Stück

921/220 kJ/kcal • 10 g Eiweiß
5 g Fett • 32 g Kohlenhydrate
1 g Ballaststoffe
44 mg Cholesterin

Käsekuchen de Luxe

1 Mehl, 60 Gramm Zucker, 100 Milliliter Milch, Backpulver und Zitronensaft zu einem festen Teig rühren und 30 Minuten kühlen.

2 Den Backofen auf 170 °C vorheizen. Restlichen Zucker und Eigelb zu einer schaumigen Creme schlagen. Quark, restliche Milch und Puddingpulver unterrühren.

3 Eiweiße sehr steif schlagen. Den Eischnee vorsichtig unter die Quarkmasse heben.

4 Teig in eine gefettete Springform geben, das Obst darauf verteilen und die Quarkmasse darüber geben.

5 Den Kuchen im vorgeheizten Backofen für 60 bis 70 Minuten backen. Im geöffneten Backofen abkühlen lassen.

Pro Stück

896/214 kJ/kcal • 12 g Eiweiß
2 g Fett • 35 g Kohlenhydrate
3 g Ballaststoffe
26 mg Cholesterin

Picknickkuchen mit Weintrauben

1 Mehl in eine Schüssel geben. Die Hefe mit 1 Esslöffel Zucker glatt rühren. Mehl, Hefe und Milch zu einem Teig rühren und 40 Minuten gehen lassen.
2 Restlichen Zucker, Ei, Quark und Zitronensaft unterkneten und den Teig kräftig schlagen. Zugedeckt für 30 Minuten an einem warmen Ort gehen lassen.
3 Trauben abzupfen, waschen und gut abtrocknen. Quark, Eigelb, Zucker und Zitronenaroma glatt rühren. Eiweiß zu steifem Schnee schlagen und unter die Quarkmasse heben.

4 Hefeteig auf ein mit Backpapier ausgelegtes Backblech geben. Die Trauben gleichmäßig auf dem Teig verteilen und die Quarkmasse Klecks für Klecks darüber geben.
5 Den Kuchen im Backofen bei 175 °C etwa 40 Minuten backen, bis sich die Quarkmasse bräunlich verfärbt.

Pro Stück

805/192 kJ/kcal • 8 g Eiweiß
2 g Fett • 36 g Kohlenhydrate
2 g Ballaststoffe
25 mg Cholesterin

Für 20 Stücke

Für den Teig:
- 500 g Mehl
- 1 Würfel frische Hefe
- 100 g Zucker
- $^1/_4$ l lauwarme Milch
- 1 Ei
- 300 g Magerquark
- 1 EL Zitronensaft

Für den Belag:
- 1 kg grüne und blaue Weintrauben
- 300 g Magerquark
- 1 Eigelb
- 80 g Zucker
- 1 Fläschchen Zitronenaroma
- 1 Eiweiß

■ *Zubereitungszeit: 175 Minuten Arbeitszeit: 65 Minuten*

Johannisbeer-Baiser-Torte

1 Den Backofen auf 150 °C vorheizen. Zwiebäcke zu feinen Bröseln zerkleinern, Ei und Marmelade unterrühren. Die Masse in eine kleine Springform geben und mit dem Rücken eines Esslöffels gut andrücken. Den Löffel in etwas Zucker tauchen.
2 Den Boden ca. 10 Minuten backen und auskühlen lassen. Mit Paniermehl bestreuen. Den Backofen auf 250 °C stellen.
3 Eiweiße mit den Zuckern zu einer festen Masse schlagen.

Gewaschene, abgetrocknete Johannisbeeren unterheben. Die Masse kuppelartig auf den Boden streichen.
4 Die Torte im vorgeheizten Backofen für 5 bis 7 Minuten backen, bis die Baisermasse leicht bräunt.

Pro Stück

477/114 kJ/kcal • 3 g Eiweiß
1 g Fett • 23 g Kohlenhydrate
3 g Ballaststoffe
14 mg Cholesterin

Für 16 Stücke

Für den Boden:
- 15 Zwiebäcke
- 1 Ei
- 2 EL Johannisbeermarmelade
- 2 EL Paniermehl

Für die Baisermasse:
- 4 Eiweiße
- 170 g Zucker
- 1 EL Vanillinzucker
- 500 g Johannisbeeren

■ *Zubereitungszeit: 65 Minuten Arbeitszeit: 50 Minuten*

Für 12 Stücke

Für den Boden:
- 2 Eigelbe
- 4 EL warmes Wasser
- 150 g Zucker
- 1 Päckchen Vanillinzucker
- 3 Eiweiße
- 100 g Mehl
- 100 g Speisestärke
- 3 TL Backpulver

Für die Füllung:
- 750 g Magerjoghurt
- 150 g Zucker
- 2 Päckchen Vanillinzucker
- 500 g Himbeeren
- 15 Blatt rote oder weiße Gelatine
- Puderzucker zum Bestreuen

■ *Arbeitszeit: 60 Minuten*
Kühlzeit: 3–4Stunden

Joghurt-Himbeer-Torte

1 Den Backofen auf 170 °C vorheizen. Eigelbe mit dem Wasser sehr schaumig schlagen und dabei nach und nach Zucker und Vanillinzucker zugeben. Diese Mischung so lange schlagen, bis eine schaumige Masse entsteht.

2 Eiweiße zu sehr steifem Schnee schlagen und diesen über die Eigelbcreme geben.

3 Mehl, Speisestärke und Backpulver mischen und vorsichtig unter die Eimasse heben, bis ein gleichmäßiger Teig entsteht. Diese Masse in einer mit Backpapier ausgelegten, großen Springform im vorgeheizten Backofen 18 Minuten backen.

4 Für die Füllung Magerjoghurt mit Zucker und Vanillinzucker etwas cremig aufschlagen. Die Himbeeren pürieren (einige ganze Früchte zum Dekorieren zurückbehalten) und dazugeben. Gelatine laut Packungsangabe in kaltem Wasser einweichen und anschließend bei leichter Hitze unter Rühren in einem Topf auflösen. Die abgekühlte Gelatine mit der Joghurtcreme vermischen.

5 Den Biskuitboden 1-mal durchschneiden und eine Hälfte davon zurück in eine mit Backpapier ausgelegte Springform geben (mit dem Backpapier ebenfalls den Springformrand auskleiden).

6 Die Joghurtmasse auf dem Boden verteilen, die zweite Hälfte darüber legen und die Torte für 3 bis 4 Stunden in den Kühlschrank stellen, bis die Himbeermasse völlig fest geworden ist.

7 Die Torte vor dem Servieren mit etwas Puderzucker bestreuen. Die Torte mit den zurückbehaltenen ganzen Himbeeren verzieren.

Pro Stück

987/236 kJ/kcal • 8 g Eiweiß
1 g Fett • 47 g Kohlenhydrate
3 g Ballaststoffe
42 mg Cholesterin

Tipps Der Biskuitboden lässt sich leichter durchschneiden, wenn er schon am Vortag gebacken wurde.
Backen Sie die Torte zur Abwechslung mit frischen Heidel- oder Erdbeeren.

Sommerlich gefüllte Biskuitrolle

1 Den Backofen auf 200 °C vorheizen. Eigelbe und Wasser schaumig schlagen und zwei Drittel des Zuckers dazugeben, bis eine cremige Masse entsteht.

2 Eiweiße zu festem Eischnee schlagen, den Rest des Zuckers darunter geben.

3 Eischnee auf die Eigelbmasse geben, das mit Backpulver und Speisestärke vermischte Mehl darüber sieben und unterheben.

4 Teig 1 Zentimeter dick auf ein mit Backpapier ausgelegtes Blech streichen und im vorgeheizten Backofen 10 bis 15 Minuten backen.

5 Den Biskuit sofort nach dem Backen auf ein mit Zucker bestreutes Geschirrtuch stürzen und vorsichtig der Länge nach aufrollen.

6 Für die Füllung einen Vanillepudding laut Packungsangabe mit Milch und Zucker kochen und den Magerquark unterheben. Eine kleine Tasse der Quarkmasse kalt stellen, diese wird für die Verzierung gebraucht. Unter die restliche Masse die gewaschenen und abgetrockneten Früchte geben (einige Rispen für die Verzierung zurückbehalten).

7 Die ausgekühlte Rolle wieder auseinander rollen, mit der Quarkmasse bestreichen und erneut aufrollen.

8 Die restliche Creme in einen Spritzbeutel füllen und die Biskuitrolle damit verzieren. Die Beerenrispen dekorativ auf der Rolle verteilen.

Pro Stück

813/194 kJ/kcal • 8 g Eiweiß

3 g Fett • 33 g Kohlenhydrate

2 g Ballaststoffe

47 mg Cholesterin

Für 16 Stücke

Für den Teig:
- 3 Eigelbe
- 5 EL Wasser
- 150 g Zucker
- 3 Eiweiße
- 1 Päckchen Backpulver
- 50 g Speisestärke
- 100 g Mehl
- etwas Zucker

Für die Füllung:
- 2 Päckchen Vanillepuddingpulver
- 1/2 l Milch
- 100 g Zucker
- 500 g Magerquark
- 500 g schwarze und rote Johannisbeeren (oder Erdbeeren, Himbeeren)

■ *Zubereitungszeit:*
85 Minuten
Arbeitszeit: 65 Minuten

Info Ohne Eigelb gelingt kein Biskuitteig! Dennoch hält sich der Fettgehalt bei drei Eidottern (3×6 Gramm Fett = 18 Gramm insgesamt) durchaus in Grenzen.

Variante Im Winter, wenn es keine frischen Beeren gibt, können Sie die Rolle auch einfach mit Pflaumenmus oder einer Mischung aus Magerquark und Erdbeermarmelade füllen.

Für 12 Stücke

- 750 g Magerquark
- 60 g Zucker
- 1 Päckchen Vanillinzucker
- 1 EL Zitronensaft
- 2 Eier
- 2 Päckchen Vanillepudding-pulver
- Semmelbrösel für die Backform
- 600 g Erdbeeren
- $1/4$ l Johannisbeersaft
- 1 Päckchen roter Tortenguss

■ *Zubereitungszeit:*
80 Minuten
Arbeitszeit: 30 Minuten

Für 16 Stücke

- 250 g Mehl
- $1/2$ TL Backpulver
- 210 g Zucker
- 450 ml fettarme Milch
- $1/2$ Fläschchen Zitronenaroma
- 100 g Mohn
- 1 Päckchen Vanillesaucenpulver
- 50 g Rosinen
- 1 Eigelb
- 750 g Magerquark
- 1 Päckchen Vanillepudding-pulver
- 2 Eiweiße

■ *Zubereitungszeit:*
170 Minuten
Arbeitszeit: 50 Minuten

Käsekuchen mit Erdbeeren

1 Den Backofen auf 175 °C vorheizen. Quark, Zucker, Vanillinzucker und Zitronensaft in einer Schüssel mischen.
2 Die Eier trennen. Eigelbe und das Puddingpulver unter die Quarkmasse geben und gut durchrühren.
3 Die Eiweiße zu festem Schnee schlagen und unter die Quarkmasse heben.
4 Die Quarkmasse in eine große, gefettete, mit Semmelbrösel bestreute Springform geben und den Kuchen im vorgeheizten Backofen 40 bis 50 Minuten backen. In der Form auskühlen lassen.
5 Die Erdbeeren waschen, trockentupfen und halbieren. Auf dem ausgekühlten Kuchen verteilen.
6 Mit Johannisbeersaft den Tortenguss nach Packungsangabe kochen und über die Erdbeeren geben.

Pro Stück
669/160 kJ/kcal • 11 g Eiweiß
2 g Fett • 23 g Kohlenhydrate
1 g Ballaststoffe
39 mg Cholesterin

Mohnkuchen mit Quarkbelag

1 Mehl, Backpulver, 60 Gramm Zucker, 100 Milliliter Milch und Aroma mischen und verrühren. Für 30 Minuten kühlen.
2 Mohn mahlen, mit Saucenpulver, 250 Milliliter Milch, 50 Gramm Zucker und Rosinen verrühren und die Mischung aufkochen. Abkühlen lassen.
3 Den Backofen auf 170 °C vorheizen. Für die Quarkmasse Eigelb und 100 Gramm Zucker verrühren. Quark, 100 Milliliter Milch und Puddingpulver unterrühren. Eiweiße steif schlagen und unterheben. Eine gefettete Springform mit dem Teig auslegen, die Mohnmasse verteilen und die Quarkmasse darüber geben.
4 Den Kuchen etwa 80 bis 90 Minuten backen.

Pro Stück
893/213 kJ/kcal • 11 g Eiweiß
4 g Fett • 32 g Kohlenhydrate
2 g Ballaststoffe
19 mg Cholesterin

Stachelbeer-Baiser-Torte

1 Den Backofen auf 150 °C vorheizen. Zwiebäcke zu feinen Bröseln zerkleinern, Ei und Marmelade unterrühren. Diese Masse in eine kleine Springform geben und mit dem Rücken eines Esslöffels gut andrücken. Damit kein Teig am Löffel kleben bleibt, diesen zwischendurch in etwas Zucker tauchen.

2 Den Boden ca. 10 Minuten backen und gut auskühlen lassen. Den Boden mit Paniermehl bestreuen, damit die Baisermasse später nicht durchweicht. Den Backofen auf 250 °C heizen.

3 Die gewaschenen und geputzten Stachelbeeren mit Rum, 2 Esslöffel Wasser und Puderzucker in einen Topf geben und alles bei mittlerer Hitze für 5 Minuten dünsten lassen. Die Beeren danach in einem Sieb abtropfen und abkühlen lassen.

4 Die Eiweiße zusammen mit dem Zucker und dem Vanillinzucker zu einer sehr festen, schneeweiß glänzenden Masse schlagen.

5 Die Stachelbeeren auf den Boden geben, die Eischneemasse in einen Spritzbeutel füllen und Girlanden oder Rosetten je nach Belieben auf die Beeren spritzen.

6 Die Torte im vorgeheizten Backofen für 5 bis 7 Minuten backen, bis die Baisermasse leicht gebräunt ist.

Pro Stück

510/122 kJ/kcal • 3 g Eiweiß
1 g Fett • 25 g Kohlenhydrate
1 g Ballaststoffe
14 mg Cholesterin

Für 16 Stücke

Für den Boden:
- 15 Zwiebäcke
- 1 Ei
- 2 EL Aprikosenmarmelade
- 2 EL Paniermehl

Für die Fruchtfüllung:
- 500 g Stachelbeeren
- 2 EL Rum
- 2 EL Puderzucker

Für die Baisermasse:
- 4 Eiweiße
- 170 g Zucker
- 1 EL Vanillinzucker

■ *Zubereitungszeit:*
70 Minuten
Arbeitszeit: 50 Minuten

Tipp Das Auge isst mit: Sie können einige besonders schöne Stachelbeeren zurückbehalten und die abgekühlte Torte damit dekorieren.

Info Diese Baisertorte ist genau das Richtige für heiße Sommertage: Leicht verdaulich, ohne Fett und mit Früchten der Saison zubereitet. Durch die zarte Baisermasse eignet sich die Torte jedoch weniger zum Aufbewahren; sie sollte am Backtag gegessen werden, damit sie nicht durchweicht.

Für 16 Stücke

- 150 g Weizenmehl
- 1 1/2 TL Backpulver
- 60 g Zucker
- 1 Päckchen Vanillinzucker
- 1 kleines Ei
- 60 g Halbfettbutter
- 1 Päckchen Vanillepudding-pulver
- 1/2 l Milch
- 2 EL Zucker
- 700 g Obst nach Wahl (z. B. Erdbeeren, Pfirsiche)
- 1 Päckchen Tortenguss
- 1/4 l Fruchtsaft oder Wasser

■ *Zubereitungszeit:*
70 Minuten
Arbeitszeit: 50 Minuten

Für 16 Stücke

- 250 g Mehl
- 1/2 TL Backpulver
- 210 g Zucker
- 600 ml Milch
- 1/2 Fläschchen Zitronenaroma
- 2 Päckchen Vanillepudding-pulver
- 400 g Sauerrahm (10 % Fett)
- 200 g Joghurt
- 1 Glas Sauerkirschen
- 1 Päckchen Tortenguss
- 2 EL Zucker
- Saft oder Wasser

■ *Zubereitungszeit:*
140 Minuten
Arbeitszeit: 45 Minuten

Obsttorte*

1 Den Backofen auf 180 °C vorheizen. Mehl und Backpulver auf einem Backbrett vermischen. Zucker, Vanillinzucker und Ei unterrühren. Die kalte Butter in Stückchen dazugeben und alles zu einem festen Teig verkneten.

2 Zwei Drittel des Teigs ausrollen und auf den Boden einer kleinen Springform legen. Aus dem Rest eine Rolle formen und als Rand 2 bis 3 Zentimeter hoch drücken. Boden mehrmals einstechen.

3 Den Boden im vorgeheizten Backofen 15 bis 20 Minuten backen.

4 Vanillepudding laut Packungsangabe mit Milch und Zucker kochen, unter Rühren etwas abkühlen lassen und auf den Tortenboden streichen.

5 Das gewaschene, klein geschnittene Obst darauf verteilen.

6 Den Tortenguss laut Packungsangabe zubereiten und über dem Obst verteilen.

Pro Stück

510/122 kJ/kcal • 3 g Eiweiß
3 g Fett • 20 g Kohlenhydrate
1 g Ballaststoffe
23 mg Cholesterin

Sauerrahmtorte

1 Mehl, Backpulver, 60 Gramm Zucker, 100 Milliliter Milch und Aroma verkneten. 30 Minuten kühlen.

2 Mit Puddingpulver, 1/2 Liter Milch und 150 Gramm Zucker nach Packungsangabe einen Pudding kochen, Sauerrahm und Joghurt unterrühren.

3 Den Backofen auf 180 °C vorheizen. Den Teig in eine gefettete Springform geben, die Creme darauf streichen und das

Obst darüber verteilen. Die Torte im vorgeheizten Backofen 60 bis 70 Minuten backen.

4 Den Tortenguss laut Packungsangabe mit Zucker und Flüssigkeit zubereiten und über dem Obst verteilen.

Pro Stück

908/217 kJ/kcal • 4 g Eiweiß
5 g Fett • 38 g Kohlenhydrate
1 g Ballaststoffe
16 mg Cholesterin

Heidelbeer-Käsetorte*

1 Den Backofen auf 200 °C vorheizen. Mehl, Backpulver und Zucker miteinander vermischen. Eigelbe und Milch sowie die in Flöckchen geschnittene Margarine dazugeben. Alles zu einem festen Teig verkneten.

2 Den Teig ausrollen, auf den Boden einer kleinen, gefetteten Springform legen und einen Rand hoch ziehen. Den Boden für 15 Minuten backen. Den Backofen auf 140 °C reduzieren.

3 Aus der Milch, 6 Esslöffeln Zucker und dem Puddingpulver nach Packungsanweisung einen Pudding kochen. Quark und den restlichen Zucker unterrühren. Eiweiße zu steifem Schnee schlagen und vorsichtig unterheben. Heidelbeeren waschen und gründlich abtrocknen. Ebenfalls unter die Masse heben.

4 Die Käsemasse auf den Boden geben und die Torte ca. 60 Minuten backen.

Pro Stück

936/224 kJ/kcal • 9 g Eiweiß
7 g Fett • 31 g Kohlenhydrate
1 g Ballaststoffe
41 mg Cholesterin

Für 16 Stücke

Für den Teig:
- 150 g Mehl
- 1 TL Backpulver
- 60 g Zucker
- 2 Eigelbe
- 1 EL Milch
- 40 g Margarine

Für die Käsemasse:
- $1/2$ l Milch
- 200 g Zucker
- 2 Päckchen Vanillepuddingpulver
- 750 g Magerquark
- 2 Eiweiße
- 150 g Heidelbeeren

■ *Zubereitungszeit:*
140 Minuten
Arbeitszeit: 55 Minuten

Tipps Im Winter, wenn es keine frischen Beeren gibt, können Sie diese Torte auch mit Rosinen zubereiten – besonders fein schmecken die Trockenfrüchte, wenn sie 1 Stunde vor dem Backen in 1 Esslöffel Rum eingeweicht werden.
Eine andere Alternative wären gefrorene Beeren, die einzeln oder als Mischung zu jeder Jahreszeit im Supermarkt zu bekommen sind. Sie weichen allerdings sehr leicht durch und müssen deshalb vor dem Backen bei Zimmertemperatur aufgetaut und abgetropft werden.

Info Achtung! Die Hitze darf nicht zu hoch sein, sonst geht die Torte beim Backen zu sehr auf und fällt später wieder zusammen. Zum Abkühlen lässt man den Kuchen am besten bei geöffneter Tür im ausgeschalteten Backofen stehen. Erst nach dem Erkalten vorsichtig aus der Form lösen.

Für 8 Stück

Für die Baisermasse:
- 4 Eiweiße
- 250 g Puderzucker
- 2 TL Zitronensaft

Für den Belag:
- 300 g Himbeeren oder Erdbeeren
- 1 Päckchen Tortenguss
- etwas Sekt oder Prosecco

■ *Zubereitungszeit:*
135 Minuten
Arbeitszeit: 45 Minuten

Fruchtbaisers mit Sekt

1 Den Backofen auf 100 °C vorheizen. Eiweiße zu einem sehr steifen Schnee schlagen und nach und nach den gesiebten Puderzucker und den Zitronensaft dazugeben.

2 Den Eischnee in einen Spritzbeutel mit großer Tülle füllen und auf ein mit Backpapier ausgelegtes Backblech spiralförmige Böden mit einem Durchmesser von etwa 10 Zentimeter aufspritzen. Jedem Törtchen zum Abschluss einen kleinen Rand aufspritzen.

3 Die Baisers im vorgeheizten Backofen 80 bis 90 Minuten mehr trocknen als backen.

4 Kurz vor dem Servieren das gewaschene und gut abgetrocknete Obst auf den Baisers verteilen. Den Tortenguss nach Packungsangabe mit dem Sekt zubereiten und darüber geben.

Pro Stück

643/154 kJ/kcal • 2 g Eiweiß
0 g Fett • 34 g Kohlenhydrate
2 g Ballaststoffe
0 mg Cholesterin

Tipps Obwohl es sich eigentlich um Kleingebäck (siehe Seite 66ff.) handelt, werden die Baisers hier erwähnt: Sie sind so edel, dass man sie eigentlich nur für besondere Gelegenheiten reservieren sollte. Servieren Sie diese Süßigkeiten z. B. bei einem Stehempfang mit einem Glas Prosecco.

• Verwenden Sie für dieses Rezept nur frische Beeren, die nach dem Waschen sehr gründlich getrocknet werden müssen. Baisers weichen sehr rasch durch und werden mit einem Belag aus gefrorenen oder eingemachten Früchten schnell unansehnlich.

• Ausgezeichnet schmecken Baisers auch anstelle einer Waffel zu einem erfrischenden Fruchtsorbet.

Info Baisers lassen sich ohne Füllung gut für den Vorrat backen. Sie müssen aber in sehr gut schließenden Blechdosen oder luftdichten Plastikbehältern aufbewahrt werden, weil sie sonst die knusprige Frische verlieren und zäh werden.

Tiramisu – das klassische, unwiderstehliche italienische Dessert. Zu deutsch übersetzt heißt es: »Zieh mich hoch.«

Tiramisu

1 Laut Packungsangabe einen Vanillepudding mit Milch und 40 Gramm Zucker zubereiten und kalt stellen.

2 Quark, restlichen Zucker und Cognac mit dem Handrührgerät cremig schlagen und den Pudding unterrühren.

3 Eiweiße zu steifem Schnee schlagen und unter die Puddingmasse heben.

4 Löffelbiskuits mit Espresso beträufeln und abwechselnd mit der Creme in eine Form schichten, wobei die letzte Schicht aus Creme bestehen sollte.

5 Das Tiramisu dick mit gesiebtem Kakaopulver bestreuen und für 3 Stunden im Kühlschrank durchziehen lassen. Mit Espresso servieren.

Pro Portion

747/178 kJ/kcal • 8 g Eiweiß
2 g Fett • 29 g Kohlenhydrate
1 g Ballaststoffe
41 mg Cholesterin

Für 8 bis 10 Portionen

- 1 Päckchen Vanillepudding-pulver
- ¹/₄ l Milch
- 120 g Zucker
- 250 g Magerquark
- 2 cl Cognac
- 3 Eiweiße
- 24 Löffelbiskuits
- 2 Tassen kalter Espresso (ca. 150 ml)
- 2 EL Kakaopulver

■ *Zubereitungszeit: 225 Minuten
Arbeitszeit: 45 Minuten*

Kleingebäck aller Art – Muffins, Törtchen, Kekse & Co.

Torten und Kuchen haben ihren Auftritt meist am Wochenende oder bei Einladungen zur Kaffeetafel. Kleingebäck dagegen versüßt uns den Alltag – ob als Nascherei für zwischendurch, als Pausensnack für Schulkinder, als süße Überraschung zum Dessert oder zum Nachmittagskaffee: Die Anlässe sind so vielfältig wie die Formen der Backwaren.

Mit den folgenden fettfreien bzw. fettarmen Rezepten braucht sich niemand das süße Vergnügen aus Sorge um die schlanke Linie oder die Gesundheit zu verkneifen. Neben schnell zubereiteten Genüssen, die man frisch aus dem Backofen Überraschungsgästen servieren kann, finden Sie auch Rezepte für Kekse und Plätzchen für den Vorrat.

Rum-Bananen-Schnitten

Für 16 Stücke

- 160 g Haferkleie
- 2 TL Backpulver
- 180 g Zucker
- 3 EL Kakaopulver
- 2 sehr reife Bananen
- 1 Teelöffel Rumaroma
- 2 Eiweiße
- 30 g gehackte Walnüsse

■ *Zubereitungszeit: 45 Minuten*
Arbeitszeit: 15 Minuten

1 Haferkleie, Backpulver, Zucker und Kakao in einer Rührschüssel gut miteinander vermischen. Die Bananen zerdrücken und mit den restlichen Zutaten zu einem gleichmäßigen Teig rühren.

2 Den Teig in eine gefettete, kleine, eckige Backform geben. Bei 160 °C für 25 bis 30 Minuten backen.

3 Die Teigplatte auf Zimmertemperatur abkühlen lassen und mit einem scharfen Messer in gleichmäßige Schnitten schneiden.

Pro Stück

464/111 kJ/kcal • 3 g Eiweiß
3 g Fett • 18 g Kohlenhydrate
3 g Ballaststoffe
2 mg Cholesterin

Info Es fällt schwer zu glauben, dass in dieser so aromatischen Kombination aus Rum, Bananen und Kakao kein zusätzliches Fett enthalten ist! Diese Schnitten schmecken so saftig, dass Sie weder Butter noch Sahne im Teig vermissen werden.

Magenbrot

1 Den Backofen auf 180 °C vorheizen. Beide Mehlsorten mit Zucker, Backpulver und den Gewürzen sorgfältig vermischen. Die Eier und nach und nach so viel Milch dazugeben, dass beim Durchkneten ein fester Teig entsteht.

2 Von dem Teig Streifen ausrollen und diese auf ein mit Backpapier ausgelegtes Blech legen. Die Streifen im vorgeheizten Backofen 15 bis 20 Minuten backen.

3 Das Gebäck noch warm in rautenförmige Stücke schneiden. Für den Guss den Zucker mit Kakao und 12 Esslöffeln Wasser aufkochen. Die Würfel von allen Seiten bestreichen, trocknen lassen und in luftdichten Dosen kühl aufbewahren.

Pro Stück

160/38 kJ/kcal • 1 g Eiweiß
0 g Fett • 9 g Kohlenhydrate
0 g Ballaststoffe
3 mg Cholesterin

Für 180 Stück

- 500 g Weizenmehl
- 500 g Roggenmehl
- 500 g Zucker
- 2 Päckchen Backpulver
- 1 TL gemahlene Nelke
- 1 TL gemahlener Zimt
- 2 Eier
- 200 ml Milch
Für den Guss:
- 300 g Zucker
- 3 EL Kakaopulver

■ *Zubereitungszeit:*
50 Minuten
Arbeitszeit: 30 Minuten

Info Dieses Magenbrot weckt Kindheitserinnerungen: Ob Kirmes, Jahrmarkt, Zirkus oder Ausflugsorte – überall wurde und wird es auch heute noch tütenweise von fliegenden Händlern angeboten. Auch auf dem Weihnachtsteller verströmt es seinen köstlich-würzigen Duft.

Apfelmusmuffins

1 Den Backofen auf 170 °C vorheizen. Mehl, Backpulver und Lezithin vermischen. Die Eiweiße, Honig und so viel Apfelmus dazugeben, dass beim Rühren ein glatter, fester, nicht zu flüssiger Teig entsteht. Die Walnüsse darunter rühren.

2 Ein spezielles Muffinblech oder Papierförmchen zu gut der Hälfte mit Teig füllen und die Muffins im vorgeheizten Backofen 18 bis 20 Minuten backen.

Pro Stück

601/144 kJ/kcal • 4 g Eiweiß
2 g Fett • 27 g Kohlenhydrate
1 g Ballaststoffe
0 mg Cholesterin

Für 12 Stück

- 300 g Mehl
- 1 EL Backpulver
- 1 TL Lezithin
- 2 Eiweiße
- 100 g Honig
- 180 g Apfelmus
- 30 g gehackte Walnüsse

■ *Zubereitungszeit:*
35 Minuten
Arbeitszeit: 15 Minuten

Für 12 Stück

- 300 g Mehl
- 2 TL Backpulver
- 1 Päckchen Vanillinzucker
- 150 g Aprikosenmarmelade
- 2 Eiweiße
- 300 ml Buttermilch
- 150 g getrocknete Aprikosen

■ *Zubereitungszeit:*
  35 Minuten
  Arbeitszeit: 15 Minuten

Aprikosenmuffins

1 Den Backofen auf 180 °C vorheizen. Mehl, Backpulver und Vanillinzucker mischen.
2 Die Marmelade, Eiweiße und so viel Buttermilch dazugeben, dass ein geschmeidiger, nicht zu flüssiger Teig entsteht.
3 Die getrockneten Aprikosen würfeln und unter den Teig heben.

4 Den Teig in Muffinförmchen füllen und die Muffins im vorgeheizten Backofen ca. 18 Minuten backen.

Pro Stück
688/164 kJ/kcal • 5 g Eiweiß
0 g Fett • 34 g Kohlenhydrate
2 g Ballaststoffe
1 mg Cholesterin

Für 30 Stück

- 250 g Butterkekse
- 1 Glas Schattenmorellen (Abtropfgewicht 350 g)
- 50 g Puderzucker
- 1 EL Kakaopulver
- 1 TL Zimt
- 50 g Zucker oder Kakaopulver

■ *Arbeitszeit:*
  30 Minuten

Butterkekskugeln

1 Die Butterkekse zwischen zwei Lagen Frischhaltefolie geben und mit dem Wellholz darüber rollen, bis alle Kekse fein zerbröselt sind.
2 Die Schattenmorellen in einem Sieb abtropfen lassen, den Saft auffangen.
3 Die Brösel mit Puderzucker, Kakao und Zimt mischen. So viel Kirschsaft (ca. 100 Milliliter) hinzufügen, dass man alles zu einem festen, nicht zu nassen Teig verkneten kann.

4 Den Teig zu einer 4 Zentimeter dicken Rolle formen und davon $1/2$ Zentimeter dicke Scheiben abschneiden.
5 Jede Scheibe flach drücken, eine abgetropfte Kirsche auflegen, zur Kugel formen und in Zucker oder Kakao wälzen.

Pro Stück
260/62 kJ/kcal • 1 g Eiweiß
1 g Fett • 12 g Kohlenhydrate
0 g Ballaststoffe
3 mg Cholesterin

Tipp Wählen Sie für dieses Rezept Diät-Butterkekse. Diese enthalten auf 100 Gramm nur 10 Gramm Fett.

Info Die Kekskugeln sind wegen ihres Feuchtigkeitsgehalts nicht lange haltbar und sollten am selben Tag gegessen werden.

Himmlische Schokoladenkekse

1 Den Backofen auf 180 °C vorheizen. Mehl, Zucker, Vanillinzucker und Backpulver vermischen. Die Pflaumen mit 6 Esslöffeln Wasser pürieren. Mit dem Honig zur Mehlmischung geben und alles so lange rühren, bis ein fester Teig entsteht. Schokotröpfchen und Walnüsse in die Teigmasse rühren.
2 Mit einem Teelöffel kleine, runde Teighäufchen abstechen und diese auf ein mit Backpa-

pier ausgelegtes Blech geben. Die Kekse mit dem Rücken eines immer wieder in Zucker getauchten Esslöffels etwas flacher drücken.
3 Die Kekse im vorgeheizten Backofen ca. 9 Minuten backen.

Pro Stück

252/60 kJ/kcal • 1 g Eiweiß
2 g Fett • 10 g Kohlenhydrate
1 g Ballaststoffe
0 mg Cholesterin

Für 50 Stücke

- 250 g Mehl
- 170 g Zucker
- 1 Päckchen Vanillinzucker
- 1 1/2 TL Backpulver
- 18 Trockenpflaumen
- 2 EL Honig
- 80 g Schokotröpfchen
- 80 g gehackte Walnüsse

■ *Zubereitungszeit:*
30 Minuten
Arbeitszeit: 20 Minuten

Fruchtige Müsliriegel

1 Den Backofen auf 160 °C vorheizen. Mehl, Früchtemüsli, Haferflocken, Backpulver, Zimt und Sonnenblumenkerne vermischen. Pflaumen mit 3 Esslöffeln Wasser pürieren. Apfelmus, Pflaumenpüree und Honig zur Müslimischung geben.
2 Diese feste Masse gleichmäßig in eine gefettete, viereckige Backform streichen und

etwa 40 Minuten backen. Die Müsliplatte abkühlen lassen und mit einem scharfen Messer vorsichtig in längliche Riegel schneiden.

Pro Riegel

518/123 kJ/kcal • 3 g Eiweiß
2 g Fett • 22 g Kohlenhydrate
2 g Ballaststoffe
0 mg Cholesterin

Für 16–18 Riegel

- 100 g Mehl
- 200 g fettarmes Früchtemüsli (3,5 g Fett pro 100 g)
- 100 g zarte Haferflocken
- 1 1/2 TL Backpulver
- 1 EL Zimt
- 50 g Sonnenblumenkerne
- 9 Trockenpflaumen
- 100 g Apfelmus
- 100 g Honig

■ *Zubereitungszeit:*
55 Minuten
Arbeitszeit: 20 Minuten

Tipp In einer Dose verpackt, sind diese Riegel wochenlang haltbar. Sie eignen sich besonders gut als Sportlersnack bei Wettkämpfen und als Proviant für Fahrradtouren und Wanderungen, da sie konzentrierte Energie liefern, ohne den Organismus durch Fett zu belasten.

*Die Heidelbeerschnecken
aus Hefeteig sind ein echter
Traum. Bei der Zuberei-
tung sollte man darauf achten, dass alle Zutaten für
den Teig Zimmertempe-
ratur haben.*

Für 16 Stücke

- 400 g Mehl
- 1 Päckchen Backpulver
- 300 g Zucker
- 50 g Kakaopulver
- 20 Trockenpflaumen
- $1/2$ l kalter Kaffee
- 50 g gehackte Walnüsse
- 2 EL Puderzucker

- **Zubereitungszeit:
  55 Minuten
  Arbeitszeit: 25 Minuten**

Mokkaschnitten

1 Den Backofen auf 180 °C
vorheizen. Mehl, Backpulver,
Zucker und Kakao vermischen.
Die Pflaumen mit 7 Esslöffeln
Wasser pürieren. Das Püree un-
ter die Mehlmischung rühren.
Nach und nach den Kaffee
zugießen, bis unter ständigem
Rühren ein gleichmäßiger, nicht
zu flüssiger Teig entsteht. Die
Walnüsse unterheben.
2 Eine kleine, viereckige Back-
form mit Backpapier auskleiden.
Die Teigmasse darin verteilen.

Die Teigplatte im vorgeheizten
Backofen ca. 30 Minuten
backen.
3 Die Teigplatte mit einem
scharfen Messer in 16 quadra-
tische oder rechteckige Schnitten schneiden und mit Puderzucker bestäuben.

Pro Stück

923/220 kJ/kcal • 4 g Eiweiß
3 g Fett • 44 g Kohlenhydrate
3 g Ballaststoffe
0 mg Cholesterin

Heidelbeerschnecken

1 Das Mehl in eine Schüssel geben. Die Hefe mit 1 Esslöffel Zucker glatt rühren. Mehl, Milch und Hefe zu einem dicken Teig rühren. Den Teig an einem warmen Ort 40 Minuten gehen lassen.

2 Mit den Knethaken des Handrührgeräts den übrigen Zucker, das Ei, den Quark und den Zitronensaft darunter kneten. Den Teig mit der Hand so lange schlagen, bis sich alles gut miteinander verbunden hat. Den Teig zugedeckt 30 Minuten an einem warmen Ort gehen lassen.

3 Den Backofen auf 175 °C vorheizen. Den Teig auf eine Arbeitsfläche geben und mit etwas Mehl zu zwei Platten von 40 × 20 Zentimeter ausrollen.

4 Die Heidelbeeren waschen und gut abtropfen lassen. Die Teigplatten dünn mit Quark bestreichen, die Heidelbeeren darauf verteilen und den Zucker darüber streuen.

5 Die Teigplatten von der langen Seite her aufrollen. Von den Rollen daumendicke Scheiben abschneiden und diese mit etwas Abstand auf ein mit Backpapier ausgelegtes Backblech legen. Teigschnecken im vorgeheizten Backofen 30 bis 35 Minuten backen.

Pro Stück

704/168 kJ/kcal • 6 g Eiweiß
1 g Fett • 32 g Kohlenhydrate
3 g Ballaststoffe
13 mg Cholesterin

Für 20 Stück

Für den Teig:
- 500 g Mehl
- 1 Würfel frische Hefe
- 100 g Zucker
- 1/4 l lauwarme Milch
- 1 Ei
- 180 g Magerquark
- 1 EL Zitronensaft
- Mehl für die Arbeitsfläche

Für den Belag:
- 750 g Heidelbeeren
- 200 g Magerquark
- 100 g Zucker

■ *Zubereitungszeit:*
155 Minuten
Arbeitszeit: 55 Minuten

Tipp Bei vielen steht Hefeteig immer noch in dem Ruf, heikel in der Zubereitung zu sein. Dabei kommt es nur darauf an, dass die Hefebakterien die richtige Temperatur vorfinden, damit sie sich entwickeln können und den Teig schön aufgehen lassen. Alle Rezeptzutaten sollten Zimmertemperatur haben.

Ein guter Platz, um den Teig gehen zu lassen, ist der leicht erwärmte Backofen. Dazu die Temperatur auf 50 °C einstellen und nach ca. drei Minuten abschalten. Vorsicht – zu viel Wärme (mehr als 50 °C) tötet die Hefebakterien ab! Die Teigschüssel mit einem Tuch abgedeckt in den Backofen stellen, damit die Oberfläche nicht austrocknet.

Für 30 Stück

- 180 g Mehl
- 100 g zarte Vollkornhafer-flocken
- 1 TL Backpulver
- 100 g Schokomüsli
- 9 Trockenpflaumen
- 100 g Honig oder Zucker-rüben- oder Ahornsirup
- ca. 50 g brauner Zucker

■ *Zubereitungszeit:*
  40 Minuten
  Arbeitszeit: 20 Minuten

Schoko-Müsli-Kekse

1 Den Backofen auf 140 °C vor-heizen. Mehl, Haferflocken, Backpulver und Müsli mischen. Pflaumen mit 3 Esslöffeln Wasser pürieren und zusammen mit dem Honig zugeben.

2 Die Hände in braunen Zucker tauchen und aus dem Teig kleine Kugeln formen, die zu 5 Zentimeter großen Talern flach gedrückt werden.

3 Zusätzlich kann man diese Taler im braunen Zucker wälzen, dies ergibt bei den Kek-sen eine zuckrige Kruste.

4 Die Taler auf ein mit Backpa-pier ausgelegtes Blech legen und im vorgeheizten Backofen 20 Minuten backen.

5 Die Kekse auskühlen lassen und in Dosen aufbewahren. Sie sind nach dem Backen etwas fest und werden über Nacht in der Dose mürbe.

Pro Stück

266/63 kJ/kcal • 1 g Eiweiß
1 g Fett • 13 g Kohlenhydrate
1 g Ballaststoffe
0 mg Cholesterin

Tipps Dieser Teig muss gut gerührt werden, damit er eine »grif-fige« Konsistenz erreicht!
● Diese Kekse sind dank der Haferflocken, des Müslis und des Honigs ein gesunder Snack für Schulkinder.

Für 14 Stück

- 300 g Mehl
- 1½ EL Backpulver
- 180 g Zucker
- 1 Päckchen Vanillinzucker
- 30 g Kakaopulver
- 2 Eiweiße
- ca. 150 ml Buttermilch
- etwas Puderzucker zum Bestreuen

■ *Zubereitungszeit:*
  40 Minuten
  Arbeitszeit: 20 Minuten

Klassische Schokoladenmuffins

1 Den Backofen auf 190 °C vorheizen. Mehl, Backpulver, Zucker, Vanillinzucker und Kakao gut miteinander vermi-schen. Eiweiße dazugeben. So viel Buttermilch hinzufügen, bis ein glatter, fester Teig entsteht.

2 Muffinförmchen zu einem Viertel mit der Teigmasse füllen und die Schokomuffins im

vorgeheizten Backofen 15 bis 20 Minuten goldbraun backen.

3 Die abgekühlten Muffins mit Puderzucker bestäuben.

Pro Stück

587/140 kJ/kcal • 3 g Eiweiß
1 g Fett • 30 g Kohlenhydrate
2 g Ballaststoffe
0 mg Cholesterin

Glasierte Apfelschnitten

1 Den Backofen auf 175 °C
vorheizen. Mehl, Zucker, Zimt
und Backpulver miteinander
vermischen. Die Eier und so
viel Apfelsaft hinzugeben, dass
beim Rühren ein fester, nicht
zu flüssiger Teig entsteht.
2 Die Äpfel waschen, schälen,
entkernen und in feine Spalten
schneiden.
3 Die Apfelspalten unter die
Teigmasse heben und diese in
eine gefettete, viereckige Backform füllen.

4 Die gehackten Walnüsse
und den Zucker darüber streu-
en und die Teigmasse im vorgeheizten Backofen 40 bis
50 Minuten backen.
5 Nach Erkalten die Oberfläche
mit dem Gelee glasieren und in
Schnitten schneiden.

Pro Stück
1116/266 kJ/kcal • 5 g Eiweiß
4 g Fett • 52 g Kohlenhydrate
2 g Ballaststoffe
42 mg Cholesterin

Für 16 Stücke

- 500 g Mehl
- 300 g Zucker
- 2 TL Zimt
- 1 Päckchen Backpulver
- 3 Eier
- 200 ml Apfelsaft
- 800 g Äpfel
- 50 g Walnüsse
- 2 EL brauner Zucker
- 2 EL Quitten-, Pfirsich- oder Johannisbeergelee

■ *Zubereitungszeit:*
90 Minuten
Arbeitszeit: 40 Minuten

Variante Wer möchte, kann statt der 3 ganzen Eier lediglich
4 Eiweiße verwenden – für ein ganzes Blech glasierte Apfelschnitten ist der Fettgehalt der 3 Eier (etwas über 18 Gramm)
jedoch im Rahmen.

Heidelbeersoufflé

1 Den Backofen auf 175 °C vorheizen. Die Heidelbeeren in eine
gefettete Auflaufform füllen. 2
Esslöffel Zucker und die Speisestärke darüber streuen und alles
durch Rütteln mischen.
2 Das Ei trennen und aus den
Eiweißen festen Eischnee schlagen. Eigelb, Zucker und Magerquark cremig rühren und den
Eischnee unterheben.

3 Die Quarkmasse auf den
Heidelbeeren verteilen und das
Soufflé im vorgeheizten Backofen bei 175 °C für 30 bis 35 Minuten backen.

Pro Portion
1606/383 kJ/kcal • 20 g Eiweiß
9 g Fett • 52 g Kohlenhydrate
12 g Ballaststoffe
122 mg Cholesterin

Für 2 Portionen

- 500 g Heidelbeeren
- 4 EL Zucker
- 1 EL Speisestärke
- 1 Ei
- 1 Eiweiß
- 200 g Magerquark

■ *Zubereitungszeit:*
65 Minuten
Arbeitszeit: 40 Minuten

Für 12 Stück

Für den Teig:
- 250 g Mehl
- 1 Päckchen Vanillinzucker
- 100 g brauner Zucker
- 3 TL Backpulver
- 4 EL Cappuccinopulver
- 2 Eiweiße
- 200 ml Milch

Für die Streusel:
- 2 EL zarte Vollkornhaferflocken
- 2 EL brauner Zucker
- 1 TL Butter

■ *Zubereitungszeit:*
45 Minuten
Arbeitszeit: 20 Minuten

Für 18 Stücke

- 50 g zarte Vollkornhaferflocken
- 100 g Magerjoghurt
- 120 g Mehl
- 180 g Zucker
- 1 TL Backpulver
- 3 EL Kakaopulver
- 3 Eiweiße

Für den Guss:
- 100 g Puderzucker
- etwas Milch
- 2 Tropfen reines, ätherisches Pfefferminzöl
- einige Tropfen grüne Lebensmittelfarbe

■ *Zubereitungszeit:*
55 Minuten
Arbeitszeit: 35 Minuten

Cappuccinotörtchen*

1 Den Backofen auf 180 °C vorheizen. Alle trockenen Zutaten miteinander mischen, Eiweiße und Milch dazugeben und alles zu einem Teig rühren.
2 Für die Streusel die Haferflocken mit dem Zucker mischen, die kalte Butter dazugeben und alles zusammen mit den Fingern zu Krümeln verarbeiten.
3 Die Muffinförmchen (Blech oder Papier) zu zwei Dritteln mit dem Teig füllen. Die Haferflockenstreusel gleichmäßig über die Muffins streuen. Die Cappuccinotörtchen im vorgeheizten Backofen 25 Minuten goldbraun backen.

Pro Stück
619/148 kJ/kcal • 4 g Eiweiß
2 g Fett • 30 g Kohlenhydrate
1 g Ballaststoffe
3 mg Cholesterin

Tipp Servieren Sie die Törtchen mit Kakaopulver bestreut zu Cappuccino als letzten Gang eines italienischen Menüs. Sehr gut passt dazu auch ein Gläschen Sambuca.

Pfefferminzrauten

1 Den Backofen auf 180 °C vorheizen. Haferflocken mit Joghurt und 1 bis 2 Esslöffeln Wasser mischen, einige Minuten quellen lassen.
2 Mehl, Zucker, Backpulver und Kakao miteinander vermischen, Eiweiße und Haferflocken dazugeben und alles zu einem glatten Teig rühren.
3 Die Masse auf ein viereckiges Backblech streichen und im vorgeheizten Backofen 20 bis 25 Minuten backen.
4 Aus dem Puderzucker und der Milch einen dickflüssigen Guss bereiten, Pfefferminzöl und grüne Farbe dazugeben.
5 Die abgekühlte Teigplatte in 4 × 4 Zentimeter große Rauten schneiden und mit dem grünen Guss verzieren.

Pro Stück
423/101 kJ/kcal • 2 g Eiweiß
0 g Fett • 22 g Kohlenhydrate
1 g Ballaststoffe
0 mg Cholesterin

Keine sehr ausgefallenen Zutaten werden für die Pfefferminzrauten benötigt. Dennoch schmecken sie unwiderstehlich.

Knusperriegel mit Honig

1 Haferflocken, Mehl und Zimt mischen. Honig und Apfelkraut oder Apfelmus dazugeben und die Rosinen darunter rühren. (Der Teig wird sehr fest.)
2 Den Teig 1½ Zentimeter dick in eine kleine viereckige Backform streichen und mit einem Esslöffel glätten. Die Teigplatte bei 170 °C für 25 Minuten gold-braun backen. Nach dem Abkühlen die Teigplatte in etwa 2 × 4 Zentimeter große Riegel schneiden.

Pro Stück

538/128 kJ/kcal • 3 g Eiweiß
1 g Fett • 26 g Kohlenhydrate
2 g Ballaststoffe
0 mg Cholesterin

Tipp Dieses Gebäck eignet sich dank Zimt und Honig auch sehr gut für den Weihnachtsteller! Schneiden Sie dafür keine Riegel, sondern kleine Rauten oder Ecken.

Für 20 Stücke

- 300 g zarte Haferflocken
- 100 g Mehl
- 1 TL Zimt
- 200 g Honig
- 100 g Apfelkraut (Reformhaus) oder Apfelmus
- 100 g Rosinen

■ *Zubereitungszeit:*
45 Minuten
Arbeitszeit: 20 Minuten

Für 20 Stück

- 2 Eiweiße
- 50 g Zucker
- 50 g Mehl
- 2 TL Sahne

■ **Zubereitungszeit:**
40 Minuten
Arbeitszeit: 30 Minuten

Eiweißröllchen vom Blech*

1 Den Backofen auf 170 °C vorheizen. Die Eiweiße zu sehr festem Schnee schlagen, den Zucker darunter rühren. Das Mehl auf den Eischnee sieben, die Sahne hinzufügen und alle Zutaten vorsichtig mischen.

2 Ein Backblech mit Backpapier auslegen und von dem Teig bierdeckelgroße, sehr dünne Plätzchen darauf streichen.

3 Die Plätzchen im vorgeheizten Backofen 8 bis 10 Minuten backen. Die Plätzchen sofort vom Blech lösen und über einem Holzstiel aufrollen.

Pro Stück

90/22 kJ/kcal • 1 g Eiweiß
0 g Fett • 4 g Kohlenhydrate
0 g Ballaststoffe
1 mg Cholesterin

Tipp Backen Sie davon gleich die doppelte Menge: Die Eiweißröllchen sind auf jeder Kaffeetafel als erstes weggegessen!

Englische Scones*

1 Den Backofen auf 180 °C vorheizen. Mehl, Backpulver und Salz mischen. Die Butter darunter kneten, bis eine krümelige Masse entsteht. So viel Buttermilch dazufügen, bis beim Durchrühren ein fester, geschmeidiger Teig entsteht. Nach Wahl Rosinen dazugeben.

2 Den Teig gut durchkneten und zu einer Rolle formen. 10 gleich große Scheiben davon abschneiden. Diese sollen jeweils etwa 2^1/$_2$ Zentimeter dick sein.

3 Die Teigscheiben im vorgeheizten Backofen ca. 25 Minuten backen.

Pro Stück

487/116 kJ/kcal • 3 g Eiweiß
2 g Fett • 22 g Kohlenhydrate
1 g Ballaststoffe
5 mg Cholesterin

Für 10 Stück

- 250 g Mehl
- 3 TL Backpulver
- 1/2 TL Salz
- 30 g fettreduzierte Butter
- ca. 150 ml Buttermilch
- 50 g Rosinen

■ **Zubereitungszeit:**
50 Minuten
Arbeitszeit: 25 Minuten

Tipp Die Engländer machen es uns vor: Mit ein wenig Quark oder Butter und Marmelade bestrichen, schmecken die Scones besonders gut!

Rosinenschnecken

1 Den Backofen auf 170 °C vorheizen. Aus den Teigzutaten einen geschmeidigen Teig bereiten (siehe Apfeltarte aus der Provence, Seite 47).

2 Den Teig zu einem Rechteck von etwa 50 × 40 Zentimeter ausrollen und Rosinen, Zucker und Zimt darauf verteilen. Von der längeren Seite her aufrollen und etwa 3 Zentimeter dicke Scheiben abschneiden.

3 Die Rosinenschnecken in eine große, gefettete Springform geben und mit Dosenmilch bestreichen. Im vorgeheizten Backofen ca. 25 bis 30 Minuten backen.

Pro Stück

786/188 kJ/kcal • 5 g Eiweiß
4 g Fett • 33 g Kohlenhydrate
2 g Ballaststoffe
4 mg Cholesterin

Tipp Wer möchte, kann die Rosinenschnecken auch mit einem Zuckerguss glasieren oder statt der Rosinen Pflaumenmus als Füllung verwenden.

Schokostreuselküchle

1 Den Backofen auf 180 °C vorheizen. Für den Teig Mehl, Kakao, Zucker, Vanillinzucker, Lezithin und Backpulver mischen.

2 Die Eiweiße hinzufügen. Die Birnen mit dem Saft pürieren und so viel von dem Birnenpüree dazugeben, dass ein fester Teig entsteht.

3 Die Haferflocken mit Kakao und Zucker mischen und mit dem Honig so lange kneten, bis Krümel entstehen.

4 Kleine Törtchenformen aus Papier oder ein Muffinblech jeweils zur Hälfte mit der Teigmasse füllen.

5 Jedes Küchle großzügig mit Streuseln bestreuen und im vorgeheizten Backofen bei 180 °C für 15 Minuten backen.

Pro Stück

792/189 kJ/kcal • 4 g Eiweiß
2 g Fett • 39 g Kohlenhydrate
3 g Ballaststoffe
0 mg Cholesterin

Für 12 Stück

Für den Teig:
- 170 g Magerquark
- 300 g Mehl
- 1 Päckchen Backpulver
- 9 EL Milch
- 2 EL Sonnenblumenöl
- 80 g Zucker
- 1 Prise Salz

Für die Füllung:
- 100 g Rosinen
- 20 g brauner Zucker
- 1 TL Zimt
- 2 TL Dosenmilch (1,5 %)

■ *Zubereitungszeit:*
65 Minuten
Arbeitszeit: 30 Minuten

Für 12 Stück

- 300 g Mehl
- 50 g Kakao
- 130 g brauner Zucker
- 1 Päckchen Vanillinzucker
- 1 TL Lezithin
- 2 EL Backpulver
- 2 Eiweiße
- 5 Birnenhälften aus der Dose, dazu ca. 100 ml Birnensaft

Für die Streusel:
- 3 EL zarte Vollkornhaferflocken
- 1 EL Kakaopulver
- 1 EL brauner Zucker
- 1 EL Honig

■ *Zubereitungszeit:*
50 Minuten
Arbeitszeit: 35 Minuten

Herzhaftes Gebäck – Brote, Brötchen und Snacks

Backwaren müssen nicht immer süß sein, und ein knuspriges, selbst gebackenes Brot oder pikant gewürzte Brötchen zum Brunch oder für ein kaltes Buffet können köstlicher schmecken als der edelste Belag.

Auch als kleiner Imbiss zu einem Glas Wein eignen sich einige der folgenden Rezeptideen für herzhafte Backwaren viel besser als die üblichen fettreichen Knabbereien, wie z.B. Kartoffelchips oder gesalzene Nüsse.

Für 12 Stück

- 500 g Mehl
- 1 TL Salz
- 1 Päckchen Trockenhefe
- ¼ l lauwarmes Wasser
- etwas Milch zum Bestreichen
- 100 g Mohn

■ *Zubereitungszeit:*
85 Minuten
Arbeitszeit: 40 Minuten

Kleine Mohnzöpfe

1 Mehl, Salz und Hefe miteinander vermischen, das warme Wasser dazugeben und alles zu einem Teig verrühren. An einem warmen und zugfreien Ort mit einem Küchentuch abgedeckt für 15 Minuten gehen lassen.

2 Den Teig für mindestens 10 Minuten von Hand kräftig durchkneten oder schlagen – er sollte geschmeidig und nicht zu trocken werden. Danach nochmals unter einem Tuch für 15 Minuten gehen lassen.

3 50 Gramm schwere Teigstücke abwiegen, aus diesen je 3 Stränge rollen. Zu Zöpfen flechten, mit Milch bestreichen und mit Mohn bestreuen.

4 Die Zöpfe auf einem mit Backpapier ausgelegten Blech im Backofen bei 200 °C für 20 Minuten backen.

Pro Stück

758/181 kJ/kcal • 6 g Eiweiß
4 g Fett • 30 g Kohlenhydrate
3 g Ballaststoffe
0 mg Cholesterin

Variante Auch andere Gewürze als Mohn sind geeignet zum Bestreuen der Zöpfe: Probieren Sie auch einmal Sesam- oder Leinsamen oder Kümmel. Sie können statt Zöpfen auch Kringel oder Brezeln formen.

Maistaler

Für 16 Stück

- 2 Dosen Mais
  (je 285 g Abtropfgewicht)
- 2 Eier
- 4 Eiweiße
- 200 g Mehl
- 3 TL Backpulver
- 3 EL gemischte Kräuter,
  gefriergetrocknet
- 1 TL Salz

■ *Arbeitszeit:*
  50 Minuten

1 Zwei Drittel der Maiskörner pürieren und die restlichen Maiskörner im Ganzen dazugeben. Die restlichen Zutaten unterrühren.

2 Den Teig esslöffelweise in eine gefettete Pfanne geben und Taler ausbacken.

3 Taler wenden und die Pfanne ab und zu nachfetten, falls nötig.

Pro Stück

401/96 kJ/kcal • 4 g Eiweiß
3 g Fett • 14 g Kohlenhydrate
2 g Ballaststoffe
27 mg Cholesterin

Tipp Wer Fett sparen will, kann die Teigmasse löffelweise auf ein mit Backpapier ausgelegtes Blech geben und die Kräcker im Backofen bei 200 °C backen. Nach 10 Minuten wenden.
Warm aus der Pfanne schmecken die Taler am besten; servieren Sie dazu einen Salat mit fettarmem Dressing.

Die knusprigen Maistaler lassen sich wunderbar aus dem Vorrat zaubern. Zusammen mit einem knackigen Salat werden sie zu einem vollständigen Gericht.

Für 20 Stück

Für den Teig:
- 200 g Magerquark
- 10 EL Milch, 1,5 %
- 3 EL Olivenöl
- 1 Ei
- 350 g Mehl
- 1 Päckchen Backpulver
- 1 TL Salz

Für die Füllung:
- 50 g getrocknete Tomaten
- einige Nadeln frischer oder getrockneter Rosmarin
- grober, schwarzer Pfeffer
- etwas Dosenmilch

■ *Zubereitungszeit:*
50 Minuten
Arbeitszeit: 30 Minuten

Für 30 Stück

- 800 g gekochte Kartoffeln
- 100 g Mehl
- 3 TL Backpulver
- 30 g Parmesan
- 2 EL Gartenkräuter, gefriergetrocknet (oder 4 EL frische Kräuter)
- 1 TL Salz
- 1 TL Pfeffer
- 1 Prise Muskatnuss
- 1 Ei
- 1 Eiweiß

■ *Zubereitungszeit:*
65 Minuten
Arbeitszeit: 35 Minuten

Brötchen aus der Lombardei*

1 Den Backofen auf 180 °C vorheizen. Quark, Milch, Olivenöl und das Ei miteinander verrühren. Mehl, Backpulver und Salz dazugeben und durchkneten.

2 Aus dem Teig eine Rolle formen, 2 Zentimeter dicke Scheiben davon abschneiden. Die Tomaten würfeln. Teig mit Tomaten und Gewürzen verkneten, Brötchen formen und mit etwas Dosenmilch bestreichen.

3 Die Brötchen im vorgeheizten Backofen 20 Minuten backen.

Pro Stück

392/94 kJ/kcal • 4 g Eiweiß
3 g Fett • 14 g Kohlenhydrate
1 g Ballaststoffe
12 mg Cholesterin

Variante Für Schinkenröllchen den Teig zu einer Platte ausrollen und daraus Rechtecke schneiden, ca. 8 × 12 Zentimeter groß. Schinkenstreifen und je $1/2$ Gewürzgurke darauf geben. Die Vierecke werden aufgerollt, mit Dosenmilch bestrichen und mit Kümmel bestreut. 20 Minuten bei 180 °C backen.

Kartoffelkekse

1 Den Backofen auf 200 °C vorheizen. Die gekochten, gepellten Kartoffeln pürieren. Die Masse mit den restlichen Zutaten in eine Schüssel geben und zu einem Teig verkneten.

2 Mit einem Esslöffel kleine Kekse auf ein mit Backpapier ausgelegtes Backblech setzen.

3 Die Kekse im vorgeheizten Backofen ca. 30 Minuten backen.

Pro Stück

158/38 kJ/kcal • 2 g Eiweiß
1 g Fett • 6 g Kohlenhydrate
1 g Ballaststoffe
8 mg Cholesterin

Tipp Planen Sie die Kartoffelkekse in Ihr nächstes Picknick ein! Mit einem Salat oder rohen Gemüsestreifen und verschiedenen Dips erhalten Sie einen leichten, sommerlichen Imbiss.

Italienische Brotfladen*

1 Die Hefe in 200 Milliliter warmem Wasser auflösen. Mehl, Zucker und 1 Teelöffel Salz mischen und das Hefewasser dazugeben. Erst mit den Knethaken, dann mit den Händen zu einem glatten Teig durchkneten. An einem warmen Ort 3 bis 4 Stunden gehen lassen.

2 Den Backofen auf 200 °C vorheizen. Den Teig nochmals durchkneten, in 10 Portionen teilen und daraus Fladen rollen. Die Fladen mit Olivenöl bestreichen und einige Rosmarinnadeln sowie das restliche Salz darüber streuen.

3 Die italienischen Brotfladen auf einem mit Backpapier ausgelegten Blech im vorgeheizten Backofen 20 bis 30 Minuten backen.

Pro Stück
801/191 kJ/kcal • 6 g Eiweiß
3 g Fett • 36 g Kohlenhydrate
2 g Ballaststoffe
0 mg Cholesterin

Tipp Olivenöl enthält viele ungesättigte Fettsäuren und Vitamine. Aus diesem Grund und wegen seines unnachahmlichen Geschmacks sollten Sie darauf nicht verzichten.

Für 10 Stück
- 1 Würfel frische Hefe
- 500 g Mehl
- 1/2 TL Zucker
- 1 1/2 TL grobes Salz
- 2 EL Olivenöl
- 1 Zweig Rosmarin

■ *Zubereitungszeit:*
  4 1/2 Stunden
  Arbeitszeit: 20 Minuten

Tortillas*

1 Den Grieß in 1/2 Liter Wasser für 30 Minuten quellen lassen. Den Backofen auf 225 °C vorheizen. Die übrigen Zutaten dem Gries hinzufügen. Alles zu einem glatten Teig rühren. Aus dem Teig 14 Fladen ausrollen und diese auf ein mit Backpapier ausgelegtes Backblech geben.

2 Die Tortillas im vorgeheizten Backofen ca. 20 Minuten knusprig backen.

Pro Stück
373/89 kJ/kcal • 2 g Eiweiß
2 g Fett • 16 g Kohlenhydrate
1 g Ballaststoffe
0 mg Cholesterin

Tipp Servieren Sie die Tortillas mit verschiedenen Dips, wie z. B. Salsa, Chilisauce, Avocadomus etc.

Für 14 Stück
- 250 g feiner Maisgrieß (Polenta)
- 50 g Buchweizen- oder Dinkelmehl
- 1 TL Salz
- 2 EL Öl

■ *Zubereitungszeit:*
  70 Minuten
  Arbeitszeit: 30 Minuten

Für 12 Stücke

Für den Boden:
- 80 g fettreduzierte Margarine
- 60 g Magerquark
- 1 Prise Salz
- 1 Ei
- 200 g Mehl
- 1 TL Backpulver

Für die Füllung:
- 100 g Sauerrahm (10 % Fett)
- 150 g Magerquark
- 1 Ei
- 2 EL geriebener Parmesan
- je 1 TL Salz, Pfeffer, Paprika
- 2 EL Gartenkräuter, gefriergetrocknet
- 200 g sehr magerer Schinken oder gekochte Putenbrust
- 400 g Champignons

■ *Zubereitungszeit:*
75 Minuten
Arbeitszeit: 45 Minuten

Champignon-Käse-Quiche*

1 Den Backofen auf 180 °C vorheizen. Das Fett mit Quark, Salz und Ei schaumig schlagen. Mehl und Backpulver dazugeben und alles zu einem bröseligen Teig kneten.

2 Den Teig in eine leicht gefettete Quicheform (Obstkuchen- oder Springform) geben, festdrücken und einen 1½ Zentimeter hohen Rand hoch ziehen.

3 Für die Füllung Sauerrahm, Quark, Ei, Parmesan, Gewürze und Kräuter miteinander verrühren. Den Schinken in kleine Würfel oder schmale Streifen schneiden, die Pilze putzen und in dünne Scheibchen schneiden. Schinken und Pilze unter die Sauerrahmmasse geben.

4 Den Tortenboden mit der Masse bedecken und die Quiche im vorgeheizten Backofen 30 Minuten backen.

Pro Stück

681/163 kJ/kcal • 12 g Eiweiß
7 g Fett • 13 g Kohlenhydrate
1 g Ballaststoffe
57 mg Cholesterin

Varianten Dieses Rezept bietet bei gleichem Boden und gleicher Quarkmasse unendlich viele Varianten an:
- Dünsten Sie in wenig Fett und etwas magerer Gemüsebrühe 400 Gramm feine Zwiebelringe an, geben Sie 100 Gramm mageren, in Streifen geschnittenen Schinken hinzu. Bestreuen Sie den Kuchen vor dem Backen mit Kümmel, und schon ist Ihre magere Zwiebelkuchenversion ohne Speck und Sahne fertig!
- Dünsten Sie Brokkoliröschen in wenig Wasser, geben Sie einige Krabben oder Shrimps dazu, vielleicht etwas Dill oder frischen Knoblauch, und Sie bekommen die Edelversion einer Quiche.
- Behandeln Sie den Boden wie den einer Pizza: Belegen Sie ihn mit Tomaten, Thunfisch, einigen Oliven, streuen Sie ein paar frische Rosmarinnadeln darüber und gießen dann die Quarkmasse dazu – nach dieser sehr französischen Quiche duftet das ganze Haus.

Italienisches Kürbisbrot

Für 20 Stücke

- 300 g Kürbis
- 750 g Weizenvollkorn- oder Dinkelmehl
- 2 TL Salz
- 1 Würfel frische Hefe
- 220 ml lauwarmes Wasser
- 1 EL frischer gehackter Rosmarin
- 1–2 EL gehackte Salbeiblätter
- 1 Knoblauchzehe

■ *Zubereitungszeit: 120 Minuten Arbeitszeit: 45 Minuten*

1 Das Kürbisfleisch raspeln. Mehl mit Salz und dem Kürbis mischen.

2 Die Hefe in der Hälfte des Wassers auflösen und zum Mehlgemisch geben. Den Teig mit der Hand mindestens für 10 Minuten durchkneten.

3 Löffelweise dabei so viel Wasser hinzugeben, dass ein geschmeidiger Teig entsteht. Den Teig zugedeckt 30 Minuten gehen lassen.

4 Den Backofen auf 200 °C vorheizen. Die Kräuter und den gehackten Knoblauch in den Teig geben und durchkneten.

5 Zum Brotlaib formen und auf einem mit Backpapier ausgelegten Blech 45 Minuten backen.

Pro Stück

510/122 kJ/kcal • 5 g Eiweiß
1 g Fett • 23 g Kohlenhydrate
4 g Ballaststoffe
0 mg Cholesterin

Tipp Servieren Sie dieses aromatische Brot mit hauchdünn aufgeschnittenem Parmaschinken – zusammen ergibt dies eine fettarme kulinarische Köstlichkeit, die ihresgleichen sucht!

Schinkenbrot mit Kürbis

Für 20 Stücke

- 300 g Mehl
- 1 Würfel frische Hefe
- 4 Eiweiße
- 1 Eigelb
- 1 EL Olivenöl
- 1 TL Salz
- 300 g Kürbis
- 150 g magerer Schinken
- 1 Bund Schnittlauch

■ *Zubereitungszeit: 115 Minuten Arbeitszeit: 45 Minuten*

1 Den Backofen auf 180 °C vorheizen. Das Mehl in eine Schüssel geben, eine Mulde in die Mitte drücken und die Hefe hineinbröckeln. Mit 3 Esslöffeln lauwarmem Wasser zum Vorteig rühren, zugedeckt 10 Minuten gehen lassen.

2 Eiweiße und Eigelb mit Öl und Salz mischen und zum Vorteig geben. Den Teig 15 Minuten lang kneten, bis er Blasen wirft. Kürbis und Schinken fein würfeln, den Schnittlauch in Röllchen schneiden und alles unter den Teig kneten.

3 Den Teig in eine gefettete Kastenform füllen und im vorgeheizten Backofen ca. 60 Minuten backen. Stäbchenprobe!

Pro Stück

343/82 kJ/kcal • 5 g Eiweiß
2 g Fett • 11 g Kohlenhydrate
1 g Ballaststoffe
19 mg Cholesterin

Maisfladen

Für 10 Stück

- 200 g feiner Maisgrieß (Polenta)
- 200 g Weizenvollkornmehl
- 1 TL Salz
- 2 EL Kräuter, gefriergetrocknet oder 4 EL frische Kräuter (z. B. Basilikum, Thymian, Petersilie)

■ *Arbeitszeit:*
25 Minuten

1 Den Maisgrieß mit Mehl, Salz und Kräutern vermischen. So viel Wasser dazugeben, dass beim Verkneten ein fester Teig entsteht, der sich gut ausrollen lässt und nicht klebt.

2 Den Teig in 10 Stücke teilen und dünne Fladen daraus rollen; diese in einer beschichteten Pfanne pro Seite etwa 1 Minute ausbacken.

3 Die Fladen mit einem fettarmen Chiligericht, verschiedenen Salsas, einer Gemüsefüllung oder als Beilage zu einem Salat servieren.

Pro Stück

551/132 kJ/kcal ● 4 g Eiweiß
1 g Fett ● 27 g Kohlenhydrate
3 g Ballaststoffe
0 mg Cholesterin

Gewürzlaible*

Für 2 Brotlaibe mit je 10 Scheiben

- 500 g Mehl
- 1 Würfel frische Hefe
- 1/8 l lauwarme Milch
- 1 Prise Zucker
- 2 Zwiebeln
- 2 Knoblauchzehen
- 30 g fettreduzierte, geschmolzene Butter
- 2 Eier
- 1/2 TL Salz
- 1 Prise geriebene Muskatnuss
- 4 EL getrockneter Dill
- 2 EL verschiedene Kräuter (z. B. Petersilie, Rosmarin, Anis, Fenchel)
- 1 TL Leinsamen

■ *Zubereitungszeit:*
135 Minuten
Arbeitszeit: 50 Minuten

1 Das Mehl in eine Schüssel geben. Die Hefe mit etwas Milch auflösen und in die Mitte des Mehls geben.

2 Restliche Milch und Zucker dazugeben und mit ein wenig Mehl einen Vorteig anrühren. Zugedeckt für 15 Minuten gehen lassen.

3 Zwiebeln und Knoblauch abziehen und fein würfeln. Mit Butter, Eiern, Gewürzen und Kräutern mischen.

4 Die Gewürzmasse zum Vorteig geben und alles mit dem restlichen Mehl verkneten. Den Teig für mindestens 15 Minuten oder so lange schlagen, bis er Blasen wirft.

5 2 ovale Brotlaibe formen und auf ein mit Backpapier ausgelegtes Backblech geben. Die Laibe nochmals für 30 Minuten zugedeckt an einem warmen Ort gehen lassen. Den Backofen auf 190 °C vorheizen.

6 Nach Wahl die Brote vor dem Backen mit etwas Wasser bestreichen und mit Leinsamen bestreuen. Die Brote im vorgeheizten Backofen 40 Minuten goldbraun backen.

Pro Scheibe

446/106 kJ/kcal ● 4 g Eiweiß
2 g Fett ● 19 g Kohlenhydrate
1 g Ballaststoffe
25 mg Cholesterin

Kräuter, Muskat und Knoblauch sind von Natur aus sehr geschmacksintensiv. Ihre Aromen ergänzen sich perfekt und verwandeln die Gewürzlaible zu herzhaft pikantem Gebäck.

Milchhörnle*

1 Mehl und Hefe vermischen, die Milch dazugeben. Diesen Teig zugedeckt für 15 Minuten an einem warmen Ort gehen lassen.

2 Fettreduzierte Butter oder Margarine, Salz und Pfeffer dazugeben und alles kräftig zu einem geschmeidigen Teig kneten. Nochmals 15 Minuten gehen lassen.

3 Den Backofen auf 190 °C vorheizen. 50 Gramm schwere Teigstücke abwiegen, Kugeln formen und diese auf bemehlter Arbeitsfläche zu Hörnchen formen.

4 Die Hörnchen auf ein mit Backpapier ausgelegtes Blech legen, mit der Milch bestreichen und im vorgeheizten Backofen 15 Minuten goldbraun backen.

Pro Stück

684/163 kJ/kcal • 5 g Eiweiß
2 g Fett • 31 g Kohlenhydrate
2 g Ballaststoffe
6 mg Cholesterin

Für 12 Stück

- 500 g Mehl
- 1 Päckchen Trockenhefe
- 1/2 l lauwarme Milch
- 30 g fettreduzierte Butter oder Margarine
- 1/2 TL Salz
- 1 TL Pfeffer
- etwas Milch zum Bestreichen

■ *Zubereitungszeit:
65 Minuten
Arbeitszeit: 20 Minuten*

Fettfreie Weihnachtsbäckerei

Wer das fettfreie Backen erst einmal für sich entdeckt hat, wird mit der gleichen Begeisterung auch seine Weihnachtsbäckerei umstellen oder zumindest einen Teil des bunten Tellers ohne Fett backen wollen. Saftiges Früchtebrot, ein zarter Quarkstollen oder Biskuitkekse – Sie haben die Qual der Wahl aus einer Vielfalt von fettfreien Rezepten. Einzige Einschränkung: Die heiß geliebten »Ausstecherle«, also Mürbteigkekse, gelingen ohne Fett oder mit erheblich reduziertem Fettgehalt nicht sonderlich gut, weshalb diese Art von Keksrezepten hier nicht erwähnt wird. Aber Sie werden weder Butterspritz- noch Schwarzweißgebäck vermissen, wenn Sie die fettfreien bzw. -armen Rezepte für würzige Lebkuchen & Co. ausprobiert haben!

Tipp Blättern Sie für Ihre Weihnachtsbäckerei ruhig auch die vorangegangenen Rezepte dieses Buchs durch, denn viele sind durchaus auch für den bunten Teller geeignet. Wie wäre es mit den Pfefferminzrauten, einem Kokosnusskuchen oder den Knusperriegeln mit Honig für Ihre weihnachtliche Kaffeetafel?

Apfelbrot

1 Die Äpfel waschen, mit Schale grob raspeln und mit dem Zucker verrührt über Nacht stehen lassen.
2 Den Backofen auf 180 °C vorheizen. Nüsse hacken. Die Apfelmasse mit den restlichen Zutaten zu einem Teig verkneten. Die Teigmasse in eine große, gefettete Backform füllen und das Apfelbrot im vorgeheizten Backofen ca. 60 bis 70 Minuten backen.

Pro Stück
878/210 kJ/kcal • 3 g Eiweiß
4 g Fett • 39 g Kohlenhydrate
3 g Ballaststoffe

Variante Statt der ganzen Haselnüsse können Sie auch grob gehackte verwenden oder diese durch Walnüsse ersetzen.

Für 20 Stücke
- 750 g Äpfel
- 200 g Zucker
- 100 g Haselnüsse
- 180 g Rosinen
- 500 g Mehl
- 1 1/2 Päckchen Backpulver
- 1/2 Päckchen Lebkuchengewürz
- 1 EL Rum

■ *Zubereitungszeit:
100 Minuten
Arbeitszeit: 30 Minuten
Ruhezeit: 12 Stunden*

Einfache Lebkuchen*

1 Den Backofen auf 175 °C vorheizen. Die Margarine schaumig rühren und Zucker, Vanillinzucker, Ei, Honig und Gewürze dazugeben.

2 Das Mehl mit dem Backpulver mischen und zwei Drittel davon zusammen mit der Milch unter die Honigmasse rühren. Die Masse mit dem Rest des Mehls zu einem festen Teig verkneten; 60 Minuten kühlen.

3 Den Teig 1/2 Zentimeter dick ausrollen und Lebkuchen ausstechen.

4 Die Lebkuchen auf ein mit Backpapier ausgelegtes Blech legen und im vorgeheizten Backofen ca. 10 Minuten backen.

5 Für den Guss das Eiweiß mit dem Puderzucker glatt rühren und die abgekühlten Lebkuchen damit bestreichen.

Pro Stück
905/216 kJ/kcal • 4 g Eiweiß
2 g Fett • 46 g Kohlenhydrate
1 g Ballaststoffe
13 mg Cholesterin

Für 16 bis 20 Stück
- 50 g Halbfettmargarine
- 180 g Zucker
- 1 Päckchen Vanillinzucker
- 1 Ei
- 100 g Honig
- 1 TL Zimt
- 1 TL gemahlene Nelken
- 1/2 TL gemahlener Anissamen
- 500 g Mehl
- 1 Päckchen Backpulver
- 3 EL Milch

Für den Guss:
- 1 Eiweiß
- 200 g Puderzucker

■ *Zubereitungszeit:*
105 Minuten
Arbeitszeit: 40 Minuten

Adventstollen

1 Den Backofen auf 190 °C vorheizen. Mehl mit Backpulver mischen und Quark, Eier, Zucker, Vanillinzucker, Salz und gehackte Früchte hinzugeben.

2 Alles zu einem festen Teig kneten, für 30 Minuten ruhen lassen. Einen Stollen formen und auf ein mit Backpapier ausgelegtes Blech legen.

3 Den Stollen im vorgeheizten Backofen 60 Minuten backen und nach dem Erkalten mit Puderzucker bestäuben.

Pro Stück
725/173 kJ/kcal • 7 g Eiweiß
1 g Fett • 34 g Kohlenhydrate
1 g Ballaststoffe
22 mg Cholesterin

Für 20 Stücke
- 500 g Mehl
- 1 Päckchen Backpulver
- 500 g Magerquark
- 2 Eier
- 150 g Zucker
- 1 Päckchen Vanillinzucker
- 1 Prise Salz
- 4 EL Rosinen
- 4 EL kandierte Früchte
- 4 EL Puderzucker zum Bestäuben

■ *Zubereitungszeit:*
110 Minuten
Arbeitszeit: 20 Minuten

Tipp Man kann den Stollen auch dick mit einem Guss aus Puderzucker und Rum überziehen. 100 Gramm Marzipanrohmasse haben 29 Gramm Fett. Wer dies in Kauf nimmt, kann den Stollen damit füllen und erhält so einen Marzipanstollen.

*Quark drin, Quark drauf –
dünn bestrichen wird der
Stollen zum reinen Genuss.*

Für 20 Stücke

- 500 g Mehl
- 1 Päckchen Backpulver
- 1 Päckchen Vanillinzucker
- 200 g Zucker
- Saft von $1/2$ Zitrone
- 2 EL Rum
- 2 Eiweiße
- 1 Eigelb
- 400 g Magerquark
- 125 g Korinthen
- 125 g Rosinen
- 50 g Haselnüsse

Für den Guss:

- 150 g Puderzucker
- 2 EL Zitronensaft oder Rum

■ **Zubereitungszeit:
90 Minuten
Arbeitszeit: 30 Minuten**

Quarkstollen

1 Den Backofen auf 170 °C vorheizen. Mehl, Backpulver, Vanillinzucker und Zucker vermischen. Zitronensaft und Rum dazugeben, Eiweiße und Eigelb darunter rühren.
2 So viel Magerquark zu der Masse geben, dass ein nicht zu weicher Knetteig entsteht.
3 Korinthen und Rosinen heiß abwaschen, trocknen und wahlweise mit den gehackten Haselnüssen unter die Teigmasse heben.

4 Den Teig zum Stollenlaib formen und auf ein mit Backpapier ausgelegtes Blech geben.
5 Den Stollen im vorgeheizten Backofen ca. 60 Minuten backen.
6 Gusszutaten verrühren und den Stollen damit überziehen.

Pro Stück

976/233 kJ/kcal • 6 g Eiweiß
2 g Fett • 46 g Kohlenhydrate
2 g Ballaststoffe
13 mg Cholesterin

Nussprinten

1 Den Honig mit der Milch erwärmen, bis er flüssig ist.

2 Mehl mit Backpulver und den Gewürzen mischen und unter die abgekühlte Honigmasse rühren. Den Teig über Nacht kühl stellen.

3 Am nächsten Tag den Backofen auf 180 °C vorheizen. Den Teig ½ Zentimeter dick auf einem gefetteten und mit Mehl bestäubten Backblech ausrollen.

4 Die Teigplatte mit Eiweiß bestreichen und die Nusshälften im Abstand von 2 auf 4 Zentimeter in den Teig drücken.

5 Die Teigplatte im vorgeheizten Backofen ca. 15 Minuten backen. Nach dem Abkühlen mit einem scharfen Messer in längliche Stücke mit je einer Nusshälfte schneiden.

Pro Stück
265/63 kJ/kcal • 1 g Eiweiß
2 g Fett • 10 g Kohlenhydrate
1 g Ballaststoffe
2 mg Cholesterin

Für 30 Stück
- 170 g Honig
- 3 EL Milch
- 250 g Weizenvollkornmehl
- 2 TL Backpulver
- 1 TL Anis
- 1 TL Zimt
- 1 Messerspitze Nelken
- 1 Eiweiß
- 50 g halbierte Haselnüsse zum Verzieren

■ *Zubereitungszeit: 40 Minuten
Arbeitszeit: 25 Minuten
Ruhezeit: 12 Stunden*

Variante Wer es mit dem Fett nicht so genau nimmt, kann etwa 20 Gramm von dem Honig gegen 50 Gramm (fettreduzierte) Butter oder Margarine tauschen.

Honigplätzchen

1 Den Backofen auf 180 °C vorheizen. Honig erwärmen, bis er flüssig ist. Mit Eiweißen, Eigelben und Zucker verrühren. Zimt, Kakao, Orangeat, Zitronat und gemahlene Nüsse zufügen.

2 Mehl mit Backpulver mischen und mit der Honigmasse zu einem festen Teig verkneten.

3 3 Zentimeter dicke Rollen formen und ½ Zentimeter dicke Scheiben abschneiden.

4 Die Scheiben auf ein mit Backpapier ausgelegtes Blech legen und die Plätzchen im vorgeheizten Backofen ca. 18 Minuten backen. Die Honigplätzchen in einer Dose aufbewahren.

Pro Stück
446/106 kJ/kcal • 2 g Eiweiß
1 g Fett • 22 g Kohlenhydrate
1 g Ballaststoffe
13 mg Cholesterin

Für 40 Stück
- 100 g Honig
- 3 Eiweiße
- 2 Eigelbe
- 350 g Zucker
- 1 EL Zimt
- 1 EL Kakaopulver
- 50 g Orangeat
- 50 g Zitronat
- 50 g Wal- oder Haselnüsse
- 500 g Mehl
- 1 Päckchen Backpulver

■ *Zubereitungszeit: 45 Minuten
Arbeitszeit: 25 Minuten*

Für 40 Stück

- 500 g Mehl
- 3 TL Backpulver
- 300 g Zucker
- 1 EL Zitronensaft
- 2 TL Lebkuchengewürz
  (Mischung aus Nelken, Ingwer,
  Kardamom etc.)
- 2 TL Zimt
- 1 TL weißer Pfeffer
- 2 Eier
- 6 EL Milch
- 50 g Orangeat
- 50 g Zitronat

Für den Guss:
- 200 g Puderzucker
- 3 EL Rum oder Wasser

■ *Zubereitungszeit:*
40 Minuten
Arbeitszeit: 25 Minuten

Pfefferkuchen mit Zuckerguss

1 Den Backofen auf 180 °C vorheizen. Mehl und Backpulver auf einem Backbrett miteinander mischen. In die Mitte eine Vertiefung drücken und Zucker, Zitronensaft, Gewürze, Eier, Milch und die Früchte hineingeben. Von der Mitte aus alle Zutaten schnell zu einem festen Teig verkneten. Sollte er kleben, noch etwas Mehl hineinkneten.

2 Den Teig gut 1 Zentimeter dick ausrollen, und die Pfeffernüsse mit einer runden Form ausstechen.

3 Die Pfeffernüsse auf ein mit Backpapier ausgelegtes Backblech geben und im vorgeheizten Backofen ca. 15 Minuten backen.

4 Für den Guss den Puderzucker mit der gewünschten Flüssigkeit glatt rühren und die abgekühlten Pfeffernüsse damit bestreichen.

Pro Stück

451/108 kJ/kcal • 2 g Eiweiß
1 g Fett • 24 g Kohlenhydrate
1 g Ballaststoffe
11 mg Cholesterin

Tipp Die nach dem Backen harten Pfeffernüsse werden zart und mürbe, wenn Sie sie nach dem Erkalten für einige Tage offen an der Luft stehen lassen und erst dann in fest schließenden Blechdosen aufbewahren.

Für 30 Stück

- 2 Eiweiße
- 120 g Puderzucker
- 1 Päckchen Vanillinzucker
- 1 Prise Salz
- 1 gehäufter TL Pulverkaffee

■ *Zubereitungszeit:*
65 Minuten
Arbeitszeit: 20 Minuten

Weihnachtsbaisers mit Mokka

1 Den Backofen auf 140 °C vorheizen. Die Eiweiße mit Puderzucker, Vanillinzucker und Salz zu steifem Schnee schlagen, den Pulverkaffee unterheben.

2 Die Masse in einen Spritzbeutel füllen und Kringel auf ein mit Backpapier ausgelegtes Blech spritzen.

3 Die Baisers im vorgeheizten Backofen für ca. 40 bis 50 Minuten backen.

Pro Stück

78/19 kJ/kcal • 0 g Eiweiß
0 g Fett • 4 g Kohlenhydrate
0 g Ballaststoffe
0 mg Cholesterin

Früchtezopf

1 Aus etwas Mehl, Milch, Zucker und Hefe einen Vorteig rühren; 15 Minuten an einem warmen Ort gehen lassen. Bananen pürieren.

2 Die Aprikosen würfeln, mit Zitronat und Orangeat mischen und mit Rum beträufeln.

3 Eier und Bananen mit Salz und Zitronensaft zum Vorteig geben und mit dem restlichen Mehl und den Weizenkeimen so lange kräftig durchkneten, bis der Teig Blasen schlägt. Die Früchte unterkneten und den Teig 30 Minuten gehen lassen.

4 Den Backofen auf 180 °C vorheizen. Aus dem Teig 3 Rollen formen und einen Zopf flechten. In eine gefettete und mit Mehl bestäubte Kastenform legen.

5 Den Zopf im Backofen auf der untersten Schiebeleiste für 40 Minuten backen.

6 Den Zopf nach dem Erkalten mit Puderzucker bestäuben.

Pro Stück
742/177 kJ/kcal • 5 g Eiweiß
2 g Fett • 33 g Kohlenhydrate
3 g Ballaststoffe
24 mg Cholesterin

Info Im Vergleich zu einem herkömmlichen Früchtezopf sparen Sie bei diesem Rezept mehr als 150 Gramm Fett!

Für 20 Stücke
- 500 g Mehl
- 1/8 l lauwarme Milch
- 60 Gramm Zucker
- 1 Päckchen Trockenhefe
- 2 Bananen
- 150`g getrocknete Aprikosen
- 50 g Zitronat
- 50 g Orangeat
- 2 cl (1 Schnapsglas) Rum
- 2 Eier
- 1 Prise Salz
- 1 EL Zitronensaft
- 100 g Weizenkeime
- Puderzucker zum Bestäuben

■ *Zubereitungszeit:
135 Minuten
Arbeitszeit: 45 Minuten*

Schlesischer Sirupkuchen*

1 Den Backofen auf 180 °C vorheizen. Sirup mit Zucker und Fett schmelzen und die Masse abkühlen lassen.

2 Mehl, Backpulver, Salz und Gewürz mischen. Zusammen mit der Milch nach und nach unter den Sirup arbeiten, zu einem festen Teig verkneten.

3 Den Teig in eine gefettete, große Kastenform geben und

im vorgeheizten Backofen 55 Minuten backen. Gegen Ende der Backzeit mit einem Holzstäbchen prüfen, ob der Kuchen fertig ist.

Pro Stück
967/230 kJ/kcal • 5 g Eiweiß
3 g Fett • 46 g Kohlenhydrate
2 g Ballaststoffe
9 mg Cholesterin

Für 12 Stücke
- 200 g Zuckerrübensirup
- 50 g Zucker
- 50 g fettreduzierte Butter oder Margarine
- 500 g Mehl
- 1 Päckchen Backpulver
- 1 Prise Salz
- 2 TL Lebkuchengewürz Neunerlei
- 1/8 l Milch

■ *Zubereitungszeit:
80 Minuten
Arbeitszeit: 25 Minuten*

Für 6 Brotlaibe à 600 Gramm

- 500 g Hutzeln (getrocknete Birnenschnitze)
- 500 g getrocknete Pflaumen
- 60 g frische Hefe
- 1,4 kg Mehl
- 250 g brauner Zucker
- 500 g Feigen
- 125 g Orangeat
- 125 g Zitronat
- 200 g Weizenkeime
- 100 g ganze Haselnüsse
- 100 g Walnusshälften
- 250 g Korinthen
- 250 g Sultaninen
- 50 g Zimt
- 1 EL Anis
- 1 TL Salz

■ *Zubereitungszeit:*
130 Minuten
Arbeitszeit: 30 Minuten
Ruhezeit: 12 Stunden

Schwäbisches Hutzelbrot

1 Die Birnen und Pflaumen über Nacht in so viel Wasser einweichen, dass sie davon bedeckt werden. Am nächsten Tag in ein Sieb gießen und das Einweichwasser auffangen. Die Früchte grob würfeln.

2 Einen Teil des Einweichwassers erwärmen und aus der Hefe, etwas Mehl und dem Zucker einen Vorteig anrühren; 15 Minuten gehen lassen. Restliches Einweichwasser nicht wegschütten!

3 Nach und nach das restliche Mehl und die anderen Zutaten darunter arbeiten. Den Teig mindestens 10 Minuten lang schlagen, bis er Blasen wirft. Den Teig ein wenig mit Mehl bestäuben und an einem warmen Ort gehen lassen, bis er Risse bekommt.

4 Von dem Teig Stücke mit 600 Gramm Gewicht abwiegen und daraus Laibe formen. Diese über Nacht stehen lassen.

5 Am nächsten Morgen den Backofen auf 200 °C vorheizen und die Brotlaibe 40 bis 50 Minuten backen.

6 Die noch warmen Hutzelbrote mit dem restlichen Einweichwasser bestreichen.

Pro Laib
8989/2147 kJ/kcal • 47 g Eiweiß
30 g Fett • 418 g Kohlenhydrate
46 g Ballaststoffe
0 mg Cholesterin

Tipp Es ist nicht empfehlenswert, weniger Brote zu backen und dafür die Menge der Zutaten zu teilen – die Brote bekommen einfach nicht dieselbe Konsistenz! Wem sechs Hutzelbrote für den eigenen Haushalt zu viel sind, kann sich vielleicht mit einer zweiten Bäckerin zusammentun.

Info Hutzelbrot (auch Schnitzbrot genannt) ist relativ zeitaufwändig. Es spricht dennoch vieles dafür, sich die Mühe zu machen und dieses wundervolle, uralte Rezept einmal nachzubacken: Die Hutzelbrote sind sehr fettarm, gesund, äußerst aromatisch und kühl gelagert lange haltbar. Sie eignen sich außerdem wunderbar als Mitbringsel zu weihnachtlichen Feiern.

Anisplätzchen

1 Die Eier trennen, Eigelbe mit Puderzucker und Vanillinzucker schaumig rühren. Eiweiße zu steifem Schnee schlagen und unter die Eigelbmasse heben.

2 Mehl, Speisestärke und Anis mischen und unter die Schaummasse heben.

3 Mit einem Teelöffel kleine Häufchen der Masse auf ein mit Backpapier ausgelegtes Blech setzen. Die Plätzchen vor dem Backen über Nacht in einem warmen Raum stehen lassen, damit sich ein Häutchen bildet!

4 Am nächsten Tag den Backofen auf 160 °C vorheizen und die Anisplätzchen ca. 30 bis 40 Minuten backen – sie sollen dabei sehr hell bleiben.

Pro Stück

126/30 kJ/kcal • 1 g Eiweiß
0 g Fett • 6 g Kohlenhydrate
0 g Ballaststoffe
8 mg Cholesterin

Für 80 Stück

- 3 Eier
- 250 g Puderzucker
- 2 Päckchen Vanillinzucker
- 1 Eiweiß
- 200 g Mehl
- 100 g Speisestärke
- 1 EL gemahlener Anis

■ *Zubereitungszeit: 75 Minuten
Arbeitszeit: 35 Minuten
Ruhezeit: 12 Stunden*

Hutzelbrot, eine Spezialität aus Süddeutschland, erhielt seinen Namen von getrockneten Birnen, die auch Hutzeln genannt werden.

Honiglebkuchen vom Blech

Für 2 Bleche à 24 Stück

- 1,25 kg Mehl
- 15 g Hirschhornsalz
- 100 g Haselnüsse
- 150 g Weizenkeime
- 370 g Zucker
- 1 TL Zimt
- 1/2 TL gemahlene Nelken
- 1 TL Kakaopulver
- 50 g Zitronat
- 50 g Orangeat
- 4 Eier
- 500 g Honig

Für den Guss:
- 200 g Puderzucker
- 2 EL Rum oder Wasser
- einige kandierte Früchte zum Verzieren

■ *Zubereitungszeit:*
60 Minuten
Arbeitszeit: 30 Minuten

1 Den Backofen auf 200 °C vorheizen. Mehl, Hirschhornsalz, gemahlene Haselnüsse, Weizenkeime und Zucker mischen. Die Gewürze und Früchte hinzugeben und mit Eiern und Honig zu einem gleichmäßigen, zähen Teig verkneten. Sollte der Teig nicht geschmeidig genug sein, etwas Wasser hinzufügen und durchkneten.

2 Teig auf 2 gefettete Backbleche streichen und im vorgeheizten Backofen 30 Minuten backen.

3 Die Teigplatten noch warm in gleich große Vierecke schneiden. Puderzucker und Flüssigkeit zusammenrühren und die noch warmen Lebkuchen mit dem Zuckerguss bestreichen. Nach Wahl die Lebkuchen noch mit Streifen von kandierten Früchten verzieren.

Pro Stück
878/210 kJ/kcal • 4 g Eiweiß
3 g Fett • 41 g Kohlenhydrate
2 g Ballaststoffe
20 mg Cholesterin

Tipp Wählen Sie zum Verzieren Ihres Weihnachtsgebäcks kandierte Früchte statt halbierter Mandeln oder Walnüsse – so sparen Sie zusätzliches Fett!

Dattelmakronen

Für 60 Stück

- 3 Eiweiße
- 1 Prise Salz
- 225 g Puderzucker
- 1 EL Zitronensaft
- 225 g Datteln
- 60 Oblaten

■ *Zubereitungszeit:*
45 Minuten
Arbeitszeit: 25 Minuten

1 Den Backofen auf 150 °C vorheizen. Aus Eiweißen und Salz einen sehr steifen Schnee schlagen. Nach und nach Puderzucker und Zitronensaft hinzufügen und alles für mindestens 3 Minuten schlagen. Die Datteln sehr fein würfeln und unterheben.

2 Die Oblaten auf ein mit Backpapier ausgelegtes Back-

blech legen. Mit zwei Teelöffeln kleine Häufchen der Masse auf die Oblaten setzen und die Makronen im vorgeheizten Backofen 15 bis 20 Minuten backen.

Pro Stück
116/28 kJ/kcal • 0 g Eiweiß
0 g Fett • 6 g Kohlenhydrate
0 g Ballaststoffe
0 mg Cholesterin

Über die Autorin

Katharina König ist freiberufliche Autorin und Fachjournalistin auf den Gebieten Ernährung und Gesundheit. Sie hat Agrarwissenschaften studiert, bewirtschaftet zusammen mit ihrer Familie einen Schwarzwaldhof und legt großen Wert auf eine ganzheitliche Lebensweise, deren Inhalte auch in ihren Büchern und Fachartikeln wiederzufinden sind.

Literatur

Fronek, Heidrun: Süßes ohne Reue. Südwest Verlag GmbH. München 1999
Roßmeier, Armin: Low-fat. Südwest Verlag GmbH. München 1999
Das große Buch der Lebensmittel. Gesund essen mit Freude genießen. Südwest Verlag GmbH. München 1997

Hinweis

Das vorliegende Buch ist sorgfältig erarbeitet worden. Dennoch erfolgen alle Angaben ohne Gewähr. Weder Autorin noch Verlag können für eventuelle Nachteile oder Schäden, die aus den im Buch gemachten praktischen Hinweisen resultieren, eine Haftung übernehmen.

Bildnachweis

Alle Bilder stammen von Dirk Albrecht, Meinzerhagen, außer: Bilderberg, Hamburg: 1; Image Bank, München: U4, 4 (B. Martin), 6 (S. Allen), 18 (B. Erlanson), 26 (P. Trummer), 38 (D. Sundberg); laif, Köln: 23 (Thuillier/Rea); Südwest Verlag, München: 10, 27 (K. Newedel), 12 (U. Kerth); Tony Stone, München: 8 (S. Peters), 32 (L. Hauteceur), 37 (A. Hicks); Wildlife, Hamburg:

Impressum

© 1999 Südwest Verlag, München, in der Econ Ullstein List Verlag GmbH & Co. KG, München (2. Auflage 2000)

Redaktion:
Dr. Marion Onodi,
Barbara Bredl
Projektleitung:
Susanne Kirstein
Nährwertberechnungen:
NutriService, Hennef
Redaktionsleitung:
Michaela Röhrl
Bildredaktion:
Gabriele Feld
Produktion:
Manfred Metzger
Umschlag:
Heinz Kraxenberger, München
DTP:
satz & repro Grieb, München
Druck:
Color-Offset, München
Bindung:
Oldenbourg, München

Printed in Germany

Gedruckt auf chlor- und säurearmem Papier

ISBN 3-517-06003-8

Sachregister

Backformen 27, 29
Backrezepte, abgespeckte 30ff., 36, 38ff.
Backzeiten 28
Butter 5f., 8, 10f., 17, 20, 31, 34
Cerealien 19
Cholesterin 5, 20, 31
Eier 5f., 16, 20f., 31, 35f.
Fette 5f.

Fettersatz 5, 10ff., 31, 34
Fettkalorien begrenzen 8f.
Fettsäuren, essenzielle 7, 22, 25
Früchte 6, 12ff., 28
Gewürze 23
Honig 12, 19f., 36
Kohlenhydrate, komplexe 7f.
Kürbis 14ff.
Lezithin 25
Margarine 5f., 11, 17

Milchprodukte, magere 10f., 17, 31, 35f.
Nüsse 6f., 15, 19, 21f., 29, 32f., 35
Sahne 6, 11
Schokolade 6f., 32, 35
Süßungsmittel, natürliche 11f., 19f.
Teigherstellung 26
Vollkornmehl 18
Weißmehl 9
Zucker 9, 11ff., 19f., 28

Rezepteregister

Adventstollen 87
Ananasrührkuchen 45
Anisplätzchen 93
Apfelbrot 86
Apfelkuchen in Kranzform 55
Apfelkuchen, kanadischer 42
Apfelkuchen, saftiger 38
Apfelkuchen, würziger 53
Apfelmusmuffins 67
Apfelschnitten, glasierte 73
Apfeltarte aus der Provence 47
Aprikosenmuffins 68
Bananenbrot, rustikales 41
Beerengratin 46
Birnentorte 56
Biskuitrolle, sommerlich gefüllte 59
Brötchen aus der Lombardei 80
Brotfladen, italienische 81
Butterkekskugeln 68
Cappuccinotörtchen 74
Champignons-Käse-Quiche 82
Dattelmakronen 94
Eiweißröllchen vom Blech 76
Faule-Mädchen-Kuchen 41
Fruchtbaisers mit Sekt 64
Früchtezopf 91
Frühstücksbrot 51
Gewürzlaible 84
Hefezopf, schwäbischer 46
Heidelbeer-Käsetorte 63

Heidelbeerschnecken 71
Heidelbeersoufflé 73
Honigbrot mit Kürbis und Aprikosen 43
Honiglebkuchen vom Blech 94
Honigplätzchen 89
Hutzelbrot, schwäbisches 92
Joghurt-Himbeer-Torte 58
Johannisbeer-Baiser-Torte 57
Kartoffelkekse 80
Käsekuchen de Luxe 56
Käsekuchen mit Erdbeeren 60
Käsekuchen mit Streuseln 40
Kilokuchen 39
Kirschkuchen, versunkener 40
Knusperriegel mit Honig 75
Kokosnusskuchen 44
Kürbisbrot mit Gewürzen 50
Kürbisbrot, italienisches 83
Kürbisnusskuchen 50
Lebkuchen, einfache 87
Magenbrot 67
Maisfladen 84
Maistaler 79
Marmorkuchen 49
Milchhörnle 85
Mohnkuchen mit Quarkbelag 60
Mohnzöpfe, kleine 78
Möhren-Orangen-Kuchen 53
Mokkakuchen 48
Mokkaschnitten 70
Müsli-Familienkuchen 43
Müslibrot 54
Müsliriegel, fruchtige 69

Nussprinten 89
Obsttorte 62
Orangenbrot, kalifornisches 52
Pfefferkuchen mit Zuckerguss 90
Pfefferminzrauten 74
Picknickkuchen mit Weintrauben 57
Quarkstollen 88
Quarktorte ohne Boden 55
Rosinenlaib 51
Rosinenschnecken 77
Rührkuchen, paradiesischer 39
Rum-Bananen-Schnitten 66
Sauerrahmtorte 62
Schinkenbrot mit Kürbis 83
Schoko-Müsli-Kekse 72
Schoko-Nuss-Bananen-Kuchen 44
Schokoladenkekse, himmlische 69
Schokoladenkranzkuchen 42
Schokoladenmuffins, klassische 72
Schokostreuselküchle 77
Scones, englische 76
Sirupkuchen, schlesischer 91
Stachelbeer-Baiser-Torte 61
Teekuchen, exotischer, mit Früchten 47
Teekuchen, feiner 49
Tiramisu 65
Tortillas 81
Weihnachtsbaisers mit Mokka 90
Zimt-Ruebli-Kuchen 52
Zimt-Walnuss-Kuchen 48